Changer la vie
par nos fictions ordinaires

978-2-85061-127-8

Nancy Murzilli

Changer la vie par nos fictions ordinaires

Du tarot aux rêves éveillés, comment nous mettons nos avenirs en jeu

Dessins de David Enon

Premier Parallèle

À ma mère, Francine, à ma sœur Lorène, à mon frère Lionel,
pour avoir maintenues ouvertes les voies de l'invisible.
À mes morts.

Un peuple de fictions

> Le grand théâtre de l'Âme est toujours ouvert et les acteurs ne peuvent rester sans costume sur une scène vide. Ce qui sert n'est pas encore sur les planches ? L'accessoiriste se démène, court de part et d'autre, grappille où il peut, fouille dans tous les coins. Passé, futur, présent, quelle différence ? Dépêchons, on entre en scène !
>
> Giulio Busi, *Indovinare il mondo* (notre traduction).

J'ai passé une grande partie de mon enfance à lire des fictions. Je ne lisais pas seulement pour le plaisir, même si la lecture m'en procurait. Je cherchais dans la lecture une réponse à une question à la fois béante et diffuse – quelque chose comme le sens de la vie –, et je passais d'un livre à l'autre sans avoir vraiment le sentiment de la trouver.

J'espérais aussi des histoires sur la vie des autres qu'elles me donnent plus modestement des solutions à la mienne en me tendant, pour reprendre la formule de Stendhal, un miroir le long du chemin. Avec le temps, j'ai compris qu'aucune fiction ne donnait jamais de réponse définitive, mais que, sans en avoir toujours une claire conscience, j'avais souvent puisé dans mon magasin des histoires pour bricoler des solutions à ma mesure. Certaines phrases amies dégageaient des voies nouvelles vers le futur, indiquant ce qu'il me conviendrait de faire et le fabriquant en quelque sorte par anticipation.

C'est par un détour bizarre, un jeu sérieux que pratique ma mère, la divination par le tarot, que j'ai mis le doigt sur ce que les romans avaient finalement toujours fait : prédire l'avenir. Comment ? En le donnant à voir, en me permettant de m'y projeter, d'en déchiffrer la grammaire et de le construire en le performant. À y regarder de près, ils agissaient sur moi comme la lecture divinatoire du tarot. À partir d'un nombre déterminé de cartes tirées au hasard, dont la signification et les combinaisons sont nombreuses, mais limitées, la cartomancienne (ou le cartomancien) construit des récits. Mais les récits ne prennent sens que par leur articulation avec ceux des consultants et la manière dont ceux-ci les prolongent. Dans les livres, c'est également la manière dont les histoires des personnages s'agencent aux nôtres qui façonne leur caractère prédictif, comme des fils rouges frayant un chemin dans la contingence. Défiant toute temporalité, ces histoires nous enseignent parfois que *cela* s'est déjà déroulé avant même que *cela* n'arrive, car dès lors qu'elles viennent habiter notre existence, elles ont le pouvoir d'en changer le cours. Le philosophe John L. Austin avançait que les « actes de langage » sont performatifs quand ils agissent sur le réel, comme le font les mots « Je vous déclare mari et femme »[1]. En présentant les choses et les événements comme s'ils existaient (avaient existé ou existeraient), les fictions les inscrivent dans notre temporalité. Elles sont en ce sens à la fois performatives et prédictives. La lecture de *Madame Bovary* peut, de la même manière qu'une série d'arcanes, prédire l'échec d'une vie que l'on s'obstine à vouloir pareille aux romans ; celle d'*Un amour de Swann*, prophétiser la désillusion d'avoir aimé une personne qui n'était pas notre genre. Le cartomancien nous fait tirer des cartes au hasard, qu'il reliera à notre propre histoire, tout comme nos circuits informationnels et nos intuitions nous guident par hasard vers la lecture de certaines fictions dont nous lions le contenu à notre existence. Avec elles, je peux aussi bien relire mon passé et déchiffrer mon présent que *voir* mon futur *comme* elles le prédisent et lui ouvrent la voie. Elles m'alertent, me donnent des indices que je pourrai reconnaître en chemin, qui me feront penser : « Ah, Flaubert l'avait donc bien vu ! » En me prêtant au jeu du tarot divinatoire, j'ai compris pourquoi la fiction me fascinait au point d'y avoir consacré des années de recherche. Elle possédait le même pouvoir que toute autre pratique divinatoire, celui de changer la vie en la prédisant.

1. John L. Austin, *Quand dire, c'est faire*, Seuil, 1970.

Il me fallait à présent, pour mieux en comprendre le fonctionnement et les effets, m'intéresser aux fictions ordinaires, celles que nous produisons sans intention artistique, uniquement pour nous donner les moyens de nous orienter dans le chaos de l'existence. Je me suis mise à regarder de l'autre côté du miroir, du côté de toutes ces fictions que nous bricolons au quotidien pour vivre et survivre. Je me suis souvenue, par exemple, de toutes les fois où, adolescente, quand les relations avec mes congénères étaient le point épineux de ma vie, j'avais joué, avant de m'endormir le soir, à ce petit jeu d'empathie qui consistait à intervertir mon rôle avec ceux de mes amis et à revivre la scène dans la peau de chacun d'eux. La fréquentation soutenue de livres, films, dessins animés, publicités, contes oraux, etc., avait en quelque sorte entraîné cette gymnastique d'esprit. Ces expériences de pensée, nous les faisons tous ; nous consommons et produisons des fictions à longueur de journée.

Nous partageons en effet au quotidien différentes pratiques sans solution de continuité entre l'art et la vie : nous racontons des histoires, jouons aux pirates, interprétons un personnage de théâtre, un rôle social, nous faisons des projets, mentons, délirons, rêvons, parlons aux fantômes ou aux anges, communiquons avec le règne végétal, animal, lisons l'avenir dans les tarots, dans les astres, jetons des sort, écrivons des romans, etc. On pourrait penser qu'il existe une nette différence entre toutes ces pratiques. Leur point commun est qu'il y est fait usage de la fiction, qui, comme la divination, fait être ce qui est dit. Contrairement à l'idée que l'on s'en forge généralement, le fait qu'elles requièrent des opérations mentales ou non rationnelles ne dissocie pas ces pratiques fictionnelles du réel. Comme les autres arts divinatoires, elles ont la faculté de faire advenir des possibles par expérience de pensée. Non dans le sens d'une expérimentation « hors sol » de possibles extra-mondains, mais en lançant des processus de construction du futur dans et depuis ce monde-ci, processus auxquels nous devons prendre une part active, puisque ce qu'elles prédisent doit encore être adossé à des situations concrètes.

Quand la prédiction[2] d'une rencontre amoureuse trouve sa place dans ma situation personnelle, elle prend une valeur performative, elle fait exister ce qu'elle prédit au moment même où c'est dit. Quand j'invente un mensonge en vue de me tirer d'un mauvais pas, il doit s'intégrer si bien à la suite des événements qu'il parvient à leur donner vie. Quand les agissements de nos personnages fictionnels favoris font irruption dans les vicissitudes de notre propre vie, ils poursuivent leur action prophétique à travers nous qui en sommes les alter ego. Cela s'est produit pour moi, par exemple, lorsque, lisant *Que font les rennes après Noël ?*[3], j'ai vu agir la narratrice, clivée entre les automatismes d'une éducation rangée et le désir sauvage de vivre selon son propre instinct ; elle accompagnera mon pas

2. On pourrait aussi employer ici le néologisme « prédifiction » forgé par Dominiq Jenvrey dans *Le Cas Betty Hill. Une introduction à la psychologie prédictive* (Questions théoriques, 2015, p. 48-51).
3. Olivia Rosenthal, *Que font les rennes après Noël ?*, Verticales, 2010.

successif quand elle ruinera sa relation sentimentale ; je le regretterai, comme elle, tout en pensant, comme elle, que les séparations sont parfois nécessaires. Il semble aussi que certaines fictions s'autoréalisent. Nous sommes alors en proie à des phénomènes d'hyperstition[4]. C'est ce qui s'est passé, par exemple, avec le concept de cyberespace, inventé par William Gibson dans *Neuromancien* : l'imaginaire qu'il a généré a donné naissance au cyberespace en tant que réalité technosociale. Les exemples pourraient être multipliés à l'envi.

Trop longtemps, nous ne nous sommes intéressés aux fictions que pour leur usage esthétique. Voir les pratiques fictionnelles comme des pratiques divinatoires suppose de changer de point de vue sur ce que recouvrent les idées de vérité et de croyances, et de se concentrer sur ce qui fait sens pour nous, dans nos cultures et nos sociétés. Prendre la mesure du caractère performatif des opérations fictionnelles courantes, c'est comprendre leur agentivité, leur potentiel politique, voire subversif. Comme les pratiques divinatoires, elles réforment le visible en donnant vie à ce qui est invisible. Vue ainsi, la fiction n'est plus confinée dans un domaine de production artistique et de jeux non sérieux, elle n'est plus un simple modèle mimétique reflétant nos vies, elle est une pratique partagée par tous au quotidien, un instrument de survie auquel les fictions artistiques peuvent nous exercer en tant qu'elles en sont

4. « Hyperstition » est un mot valise, formé des termes *hyper* et *superstition*, que l'on doit à Nick Land.

l'un des prolongements possibles, une expérience aboutie. Nos fictions ordinaires sont plus agissantes que contemplatives. Elles nous rappellent que les fictions artistiques, plus que des reflets du monde, en sont des bâtisseuses.

Voilà qui déplace la question de la fiction d'une question ontologique – « est-ce vrai ou faux ? » – vers une question pragmatique et anthropologique – « comment nous servons-nous des fictions dans notre vie quotidienne ? » Mon hypothèse est que la fiction n'est pas seulement ce travail de l'imagination, mais aussi un moyen de performer le possible, de le créer en le devinant, parce qu'elle est un instrument de recadrage de nos jeux de langage et de nos formes de vie. Les fictions explorent une direction où aller, mais on ne sait pas d'avance précisément où, car elles ne sont pas programmatiques. Si les oracles de la pythie ont toujours une forme énigmatique, c'est qu'il leur manque encore d'être incarnés, agis, pour prendre forme. À travers la pythie, le dieu Apollon s'adressait aux mortels. Quand la pythie prédit à Crésus que s'il faisait la guerre aux Perses un grand empire serait détruit, elle ne dit pas lequel. Crésus mena ainsi son propre empire à sa perte en attaquant celui de son ennemi Cyrus. L'articulation de la fiction à la vie est ce qui caractérise l'enthousiasme dans son sens étymologique : il est une « inspiration divine » qui réunit le poète et le devin et ne prend forme que dans l'engendrement, un élan inspiré qui régénère en poussant à agir. Nos capacités fictionnelles sont du même ordre. Elles œuvrent, comme chez l'enthousiaste, par la divination, celle-ci devenant un moyen de réintroduire du possible, du hasard dans nos vies, en même temps qu'elle nous en donne le mode d'emploi et fait cesser le tourment de l'incertitude[5].

Si la plupart de nos fictions ordinaires sont le fruit de notre imagination et de notre capacité de projection solitaire ou collaborative, elles sont cependant inspirées d'une multitude d'autres qui nous ont nourris consciemment ou inconsciemment. Elles sont non seulement pleines de toutes celles qui les ont précédées, mais aussi de ceux qui les ont forgées. Nos pratiques fictionnelles artistiques tendent à nous enfermer dans un mythe de l'autorialité, et l'on ne retient généralement des fictions que le nom de celui qui pourra y apposer sa signature, oubliant trop souvent la contribution de ceux qui les font exister *ex post* et *ex ante*, ceux qui les inspirent, ceux pour qui on leur donne naissance, ceux qui en sont la cause, ceux qui les fabriquent avec nous, ceux qui les essaient, les prolongent, les réalisent, ceux qui les transforment, les déforment, les contrarient, ceux qui les empêchent, ceux qui en font l'ordinaire et leur propre ordinaire. Si l'on pense à tout ce peuple des fictions, il devient difficile de n'en reconnaître le privilège qu'à quelques-uns, artistes, poètes, cinéastes, etc. C'est en cela aussi que nos fictions, toutes nos fictions, sont ordinaires : ordinaires, car ordinairement partagées, ordinairement présentes dans nos vies, pleines de nos petites joies et misères quotidiennes.

---

5. Dominique Casajus, *Le Hasard mode d'emploi,* Éditions de l'EHESS, 2022.

Cet ouvrage se propose de prolonger et d'approfondir l'expérience de la fiction. Il ne s'agira ni d'apprendre à tirer le tarot, ni de pratiquer douze semaines d'exercices pour libérer sa créativité, pas plus que de revisiter l'histoire des théories de la fiction, mais de voir comment nos fictions ordinaires changent la vie. Selon quelle nécessité, me direz-vous, faudrait-il changer la vie ? Les fictions ont-elles le pouvoir inhérent de la changer en mieux ? Quelle est la promesse ? Celle d'une mise en branle, d'un mouvement, celle d'un écart suffisant pour voir la vie autrement, réintroduire du flux et déplacer ce qui paraissait immuable ou benoîtement enkysté, celle d'ouvrir d'autres voies possibles en voyant dans l'avenir. Cheminant à partir d'observations du quotidien vers des pratiques connexes, des réflexions philosophiques, anthropologiques et littéraires, nous nous exercerons à défaire des plis de la pensée, à y fabriquer des creux et des bosses, de petits tremplins, puis à essayer ensemble des manières de faire fiction introduisant du jeu dans nos vies, du divertissement et un espace suffisant pour coincer une cale sous la fenêtre entrouverte.

Chaque chapitre part de l'observation d'une de nos fictions ordinaires et tente de démêler ce qui, en elle, s'apparente à des formes de divination dont nos vies peuvent bénéficier. Un chapitre, une question, sans prétention à l'exhaustivité, plutôt avec le souhait d'identifier un panel de pratiques fictionnelles auxquelles nous nous adonnons de façon si banale, si récurrente, que nous y prêtons peu attention et qui pourtant, à y bien regarder, construisent, à tous les niveaux de notre vie sociale, notre futur et nos valeurs. Des exercices plutôt que des traités de philosophie, d'ésotérisme ou de psychologie. À la manière de certains ouvrages de développement personnel, mais sans recette miracle, parce que les moyens valent autant que les fins. Du mensonge à la sorcellerie, en passant par la projection mentale, le délire, le spiritisme ou la cartomancie, des exercices au jeu desquels se prêter sans a priori, s'abandonner l'esprit alerte, pour en ressortir, sinon plus heureux, du moins avec quelques outils de plus en poche pour avoir quelques prises sur l'avenir.

Comment rencontrer le grand amour

Madame Sosostris, voyante célèbre,
Avait un mauvais rhume, mais est tenue
Pour la femme la plus avisée d'Europe
Avec un méchant jeu de cartes. Voici, dit-elle,
Ta carte, le Marin Phénicien noyé,
(Ses yeux sont devenus des perles. Regarde !)
Voici Belladonna, la Dame aux Rochers,
La dame des impasses.
Voici l'homme aux trois bâtons, et voici la Roue [...].
Je ne trouve pas
Le Pendu. Méfie-toi de la mort par l'eau.
Je vois des foules qui tournent sans cesse dans le même cercle.

T. S. Eliot, *La Terre dévastée*, 1922,
traduction de Benoît Tadié.

Le tarot divinatoire est d'abord pour moi une histoire de famille : ma mère tire les cartes à ses enfants, ses frères et ses amis depuis une vingtaine d'années[1]. Avec le temps, il est devenu un acteur déterminant dans le nouage, la relance, l'avenir de nos vies enchevêtrées et distinctes. Vivant à plusieurs centaines de kilomètres l'une de l'autre, nous nous voyons deux à trois fois par an tout au plus. Les séances de cartomancie sont devenues un rituel auquel nous prenons un plaisir non dissimulé chaque fois que nous nous retrouvons. Elles sont l'occasion d'un échange privilégié d'une intensité particulière, qui nous place respectivement dans une relation filiale et de soin maternel où les affects sont contenus par le dispositif cartomantique. Les informations que je reçois sur ma situation en lien avec la question que je pose au tarot, ce qu'elles me permettent de préciser concernant ma vie personnelle, la réassurance d'une prise sur mon avenir sont médiées par un tiers signifiant dont ma mère déchiffre le message dans les cartes. Le dialogue filial, que l'éloignement, les crispations, une charge émotionnelle trop intense ont pu rendre difficile au cours des années, s'en trouve restauré. Comme elle a assuré mes premiers pas d'enfant, le geste pour piquer droit un ourlet, récupérer une maille, tailler un vêtement ou repeindre une armoire, elle garantit mes pas dans l'avenir par son activité cartomantique. En nous

1. Ce chapitre est une version amplement remaniée d'un texte paru dans l'ouvrage Andrea Tagliapietra, Giordano Ghirelli et Erminio Maglione, *Storie dell'idea di immagine. Dalla filosofia antica all'arte contemporanea*, éd. de Caterina Piccione, Mimesis Edizioni, 2022.

en remettant à la magie du tarot, une confiance mutuelle dans notre participation à la construction d'un destin commun se renoue.

Je l'ai pourtant longtemps observée de loin avant de sauter le pas un jour d'août 2006 où je n'avais pas grand-chose à perdre et besoin d'espérer. Ma vie était arrivée à un point de bifurcation et j'étais pétrifiée. Pour me changer les idées, j'avais décidé de partir quelques jours en Italie, terre de mes aïeux. J'espérais pouvoir me dissoudre dans la beauté de paysages inconnus pour en renaître. Ma mère m'a proposé de me lire le tarot avant mon départ. Elle était venue me rendre visite dans le petit appartement que j'occupais à l'époque. Nous nous sommes assises sur des coussins posés à même le sol, elle a extrait de son tarot de Marseille les 22 arcanes majeurs, les a mélangés, éparpillés devant moi, m'en a fait choisir douze face cachée qu'elle a disposés en cercle. Puis elle a commencé à déchiffrer le jeu en faisant dialoguer entre elles, avec familiarité, des images dont je découvrais les traits étonnamment chargés de sens. Je percevais, en les observant au fil de sa lecture, une infinité de détails : chaque carte possédait un nom, un numéro, était décorée d'images allégoriques, sorte de préfiguration des vignettes de bande dessinée. Elle interprétait la signification des cartes en fonction de leur position dans le cercle et de celles qui leur faisaient face, me proposait de tirer une mineure pour approfondir une question soulevée par le jeu, me parlait de moi, de mes relations, de mon futur, au moyen d'outils dont je ne maîtrisais pas les codes, mais qui nous faisaient entrer dans une conversation insolite. Je me souviens de cette légère anxiété que je retrouverais par la suite toutes les fois qu'elle me lirait le tarot, puis que je le lirais par moi-même, lorsque je passerais ma main au-dessus des cartes comme pour sentir un fluide qui attirerait les faveurs du destin, de cette pointe d'angoisse au moment où je croirais deviner un mauvais tirage, et surtout du sentiment immédiat de me laisser prendre au jeu.

De ce premier tirage, je ne garde en mémoire que quelques cartes et ce qu'elles m'annonçaient. Il y avait le Mat (l'impulsion vitale), le Chariot (la rencontre, le voyage), la Maison Dieu (le bouleversement, le coup de foudre), le Diable (le désir), le Soleil (le bonheur), le Monde (l'accomplissement). Le tirage était si limpide, sa lecture si évidente, les cartes si exceptionnelles, l'enthousiasme et la conviction de ma mère si communicatifs, que je me suis raccrochée à son interprétation comme à une bouée de sauvetage. Le 31 août, j'ai rencontré l'homme avec qui je vis aujourd'hui. Je regardais le soleil se coucher sur la baie de Gênes, il était assis sur un banc, derrière moi, lisant le *Corriere della sera*. C'est parce que tout ce qu'annonçait ce jeu s'est produit et a radicalement changé ma vie que j'écris ces lignes aujourd'hui.

J'ai eu besoin par la suite de comprendre ce qui se jouait de si fort durant la consultation au point d'orienter nos choix, de changer le cours de nos pensées et de nos vies. Il me fallait saisir, dans l'échange entre le cartomancien et le consultant, ce qui fait être ce qui s'y dit. Comment la vie d'un individu peut-elle s'inscrire dans un jeu de cartes imagées ? Qu'est-ce qui fait advenir les prophéties du tarot ? Quel rôle ont les prédictions dans les événements qui leur succèdent ? Autant de questions que je souhaitais examiner pour comprendre un phénomène que l'on continue d'inscrire dans celui de la croyance, opposant schématiquement ceux qui y croient, les occultistes New Age, à ceux qui n'y croient pas, les rationalistes et les scientifiques. J'entrevoyais qu'il y avait peut-être une troisième voie à explorer, celle de la performativité du discours divinatoire. Je suis convaincue qu'on ne peut répondre à ces questions qu'à la condition de sortir de ce dualisme en se laissant soi-même affecter par le jeu.

Nous avions passé une après-midi joyeuse à interpréter ce tirage. Mon frère, sa fiancée et ma sœur nous avaient rejointes. Nos rires, les cartes, nos commentaires semblaient conjurer le sort. C'est après cela qu'un changement s'est produit. Je suis partie en voyage le lendemain, confiante et plus légère. Ai-je fait en sorte de faire advenir ce qui m'avait été prédit, selon le principe des prophéties autoréalisatrices ? M'en suis-je remise au destin ? Ou ai-je fait coïncider après-coup le récit inspiré du tarot avec celui des événements qui ont suivi ? J'ai conclu de mes observations que la confirmation de la prédiction ne tient pas à un comportement plus ou moins conscient qui porterait à sa réalisation. Elle n'est pas non plus confirmée par les événements ou par le récit qui en est fait après coup. Même si tout cela y contribue un peu, la réponse est ailleurs. Elle se situe dans le moment même où est prononcée cette divination, où est négociée la signification des cartes, où sont énoncés, le plus souvent au conditionnel, les termes des événements à venir et d'éventuels conseils. Le processus de mise en œuvre de la divination s'enclenche alors que le dispositif cartomantique en permet la formulation.

La force divinatoire des fictions

Le film *Cléo de 5 à 7* d'Agnès Varda est l'exemplification même de ce processus. Le générique est tout entier consacré à une séance de divination par le tarot. En ouverture, les mains de la cartomancienne mélangent les cartes et les posent sur le tapis de table, « coupez, Mademoiselle », puis les étalent face cachée devant elle, « choisissez neuf cartes de la main gauche ». « Je sais, dit Cléo, trois pour le passé, trois pour le présent, trois pour l'avenir. » La cartomancienne retourne les cartes. On voit apparaître les uns après les autres les dessins complexes et délicatement colorés du Grand Jeu Lenormand. « Vous n'êtes pas encore sortie. Le jeu parle mieux quand la consultante sort. Ah, vous voilà ! Je préfère. » S'ensuit un dialogue au cours duquel la cartomancienne commente les cartes, pose des questions à Cléo, ajuste son discours en fonction des réponses. « Est-ce que votre mère était veuve ? – Non. – Alors, vous avez près de vous une veuve qui vous tient compagnie, qui n'est peut-être pas très scrupuleuse pour la conduite de votre vie, mais elle vous est très dévouée. – Oui, c'est vrai. [...] – Je vois que vous avez un certain talent. Vous êtes musicienne peut-être ? En tout cas, vous aimez la musique. »

De fil en aiguille, la cartomancienne prédit à Cléo, jeune et belle chanteuse de variété, la trame de la fiction qui va suivre. Sauf l'issue, que Cléo pressent, car elle se sait malade, mais à laquelle nous n'assisterons pas, la fin du film restant ouverte. « Voyons pour l'avenir. Eh bien, évidemment, cette carte n'est pas très bonne. Elle ne laisse pas d'espérance d'union. Vous ne vous marierez sans doute pas. [...] Et ça, ce sont les trois Parques. Et c'est vous qui êtes là. – Et alors, pourquoi suis-je là ? [...] – Le jeu est difficile, compliqué, je ne vois pas très bien, il faudrait en faire un autre. [...] Tirez encore une carte. Il faut réfléchir, il faut voir. » Alors Cléo sort l'arcane sans nom, la carte qui glace tout consultant. « Pour voir ça, merci ! – Vous vous trompez, cette carte n'est pas forcément la mort. Les pieds et les mains sont couverts de chair, c'est une transformation profonde de tout votre être. » « J'ai vu le cancer, elle est perdue », dit cependant la cartomancienne, sitôt Cléo sortie, à un homme lisant le journal derrière la porte du salon. Il replonge immédiatement le nez dans sa lecture, absorbé par d'autres prédictions.

En lisant les cartes, la cartomancienne – et à travers elle Agnès Varda – présente les personnages et les événements qui importent ou importeront pour la consultante : la fiction se présente comme une prédiction. Seule la séance de tarot du générique est en couleurs. « J'avais une idée, c'est que la vie qui est dans les cartes, les tarots, est une vie imaginaire, c'est une représentation de la vie, et la vie réelle, dans ce film, est en noir et blanc. Je voulais séparer l'illustration de la vie, de la vie elle-même. C'est très arbitraire puisque la vie réelle est en couleurs. Mais dans le parti pris de ce film, vu que ce que Cléo fait vraiment est en noir et blanc et que dans le générique on raconte sa vie, la cartomancienne lui raconte cette vie comme si elle assistait à la projection de son propre film. Même les cartes disent qu'elle meurt, vous comprenez, ce ne sont que des cartes[2]. »

L'enjeu du film n'est pas tant la prédiction que ce que Cléo va en faire. Le tirage, en dramatisant sa vie à venir, engage en quelque sorte Cléo à la vivre. Dans l'espace qui nous sépare de la sentence annoncée, la mort, il y a de 5 à 7 la fiction et la vie, ou plutôt la fiction qui fait la vie. D'un côté, la fiction en couleurs, de l'autre, la vie en noir et blanc, pourtant en couleurs en réalité. Le tarot, qui est une fiction en couleurs comme la vie, nous annonce ce qui se passera, et la vie nous dira comment en noir et blanc, comme la fiction. Ce qui permet de passer de l'un à l'autre, de la fiction à la vie, de la prophétie à sa mise en acte, c'est la performativité du récit fictionnel de la cartomancienne, qui fait être ce qui est dit grâce à l'articulation de ce récit aux bifurcations de la vie de Cléo[3]. La frontière entre la

---

2. Propos d'Agnès Varda, cités sur http://cineluzarchesamiens.e-monsite.com/pages/terminale/cleo-de-5-a-7.html.

3. Je ne ferai pas toujours de distinction dans les pages qui suivent entre récit et fiction, bien qu'il y en ait une, implicite : les récits sont l'une des manières possibles, souvent la plus courante, d'organiser le contenu d'une fiction. Je désigne par fictions les produits de notre imagination. Rompant avec une longue tradition en théorie de la fiction, je m'abstiens de définir la fiction à partir des rapports qu'elle entretiendrait avec les faits. Pour ceux que les questions de frontière entre faits et fiction intéressent, je renvoie à ces deux ouvrages : Françoise Lavocat, *Fait et fiction.*

fiction et la vie devient poreuse. Ainsi, lorsque Cléo rencontre Antoine, soldat en permission de la guerre d'Algérie, annoncé par la carte du Bateleur – « et là, je vois une nouvelle connaissance, vous allez rencontrer un jeune homme, un bavard, un bonimenteur, il vous amusera » –, elle le reconnaît : le récit cartomantique a ouvert un possible que Cléo accueille pour le faire exister. La fiction du tarot donne une forme à la peur de Cléo d'avoir un cancer en lui prédisant la mort à travers l'arcane sans nom. Le fait que lui soit prédite sa fin – ce qui peut être vu par la fiction, mais par définition jamais dans la vie – permet à Cléo de changer et peut-être ainsi de changer le cours du destin. Cléo se transforme et se régénère, malgré ou grâce à la menace de la mort qui pèse sur elle. Comme l'a dit la cartomancienne, l'arcane sans nom n'annonce pas toujours la mort, mais parfois aussi une transformation profonde. L'ambivalence de la carte ouvre deux voies possibles à Cléo, qu'elle pourra ou non actualiser à sa manière.

Rendre possible une action

Comme Cléo, l'histoire de la rencontre qui m'avait été prédite a débuté avant qu'elle n'ait eu lieu. L'exercice de divination par le tarot en a sans doute été l'élément déclencheur. Pour comprendre cela, il faut saisir que la lecture du

---

Pour une frontière, Seuil, 2016 et Jean-Marie Schaeffer, *Les Troubles du récit. Pour une nouvelle approche des processus narratifs*, Éditions Thierry Marchaisse, 2020, chap. v.

tarot détermine moins un résultat qu'elle ne rend possible une action. Il m'est alors apparu que l'agencement des événements à venir est souvent une activité divinatoire et que c'est somme toute ce que nous faisons chaque fois que nous pratiquons une activité fictionnelle : la fiction projette des situations qui, lorsqu'elles s'articulent à nos vies, prennent une valeur performative, car elles donnent existence sur-le-champ à un possible, comme la rencontre d'Antoine annoncée à Cléo par la carte du Bateleur, comme le suicide d'Édouard Levé quelques jours après avoir écrit *Suicide*, comme l'afroféminisme francophone trouve sa prédiction dans *Une si longue lettre* de Mariama Bâ. La pratique du tarot en tant qu'art divinatoire permet de prendre des décisions et de changer le cours de la vie grâce à la coconstruction d'une fiction par le cartomancien et le consultant. Ce qui se passe durant une consultation cartomantique peut être considéré comme un modèle spectaculaire de ce qui se produit dans nos manières ordinaires de négocier nos choix, nos décisions et nos interprétations par un recours à des projections fictionnelles. Il y a quelques années, ma mère m'a fait un tirage sur une question ciblée : j'avais le sentiment de ne pas parvenir à surmonter certains blocages professionnels. Sur le futur de ma question, j'ai tiré le sept de denier, annonce d'un investissement dans des projets qui m'apporteraient des bénéfices à long terme sans gaspiller mon temps et mon énergie ailleurs. Cela correspondait effectivement à un fort désir de ma part, mais je ne parvenais pas à le concrétiser en modérant mon engagement dans diverses activités que j'avais des scrupules à abandonner au profit d'autres auxquelles j'accordais pourtant plus de valeur. J'avais conscience d'avoir mis en place des stratégies d'évitement en me noyant sous une charge de travail qui m'éloignait d'un idéal sans doute surinvesti. La discussion suscitée par le tirage de cette carte m'a permis de verbaliser clairement mon désir à partir de la fiction de sa réalisation. Le fait que la carte annonce un avenir où mon désir serait exaucé m'a en quelque sorte autorisée à m'y projeter, à le construire et à introduire le changement sur-le-champ. Notre aptitude à construire des fictions semble ignorer la temporalité et l'actualisation de ce que nous élaborons grâce à elle. Ce que nous visualisons, les sensations physiques que nous éprouvons en nous projetant dans une situation fictionnelle sont des formes d'expériences vécues, que l'on pourrait appeler des « expériences affectives de pensée[4] ». Peu importe, au fond, que la situation fictionnelle soit actualisée ou non : nous l'avons de toute façon éprouvée en nous y projetant dans le détail[5]. C'est ce qui fait la performativité des fictions : le changement s'opère au moment même où nous construisons une fiction qui prend en compte ce changement en lui faisant place.

---

4. Nancy Murzilli, « "Réel est mon fantôme" : l'agentivité des écritures spectrales en régime 24/7 », préface à *xx.com* de Jean Gilbert, Questions théoriques, 2020, p. VII-XV.
5. L'identification des neurones miroirs par l'équipe de Giacomo Rizzolatti dans les années 1990 a démontré que ces neurones s'activaient de la même manière que nous exécutions réellement une action ou que nous l'imaginions. Giacomo Rizzolatti et Corrado Sinigaglia, *Les Neurones miroirs*, Éditions Odile Jacob, 2008.

Les premières fois qu'on consulte un cartomancien, on voudrait pouvoir vérifier qu'il ne nous trompe pas. On attend des preuves de sa faculté de voyance, de l'existence d'entités et de pouvoirs surnaturels, et on cherche à le piéger. On aimerait trouver de bonnes raisons d'y croire ou de ne pas y croire. Pourtant, quoi qu'il arrive, on n'obtiendra jamais aucune garantie de la validité de ses prédictions. D'une part, celles-ci sont rarement assertées et le plus souvent énoncées sous la forme d'hypothèses, voire d'une variété de possibles : « La lune, ici, vous conseille de vous fier à votre intuition et non aux apparences, mais elle peut aussi signifier que vous êtes obsédé·e par votre passé et ne parvenez pas à vous en remettre au présent, d'autant plus que vous avez le cinq de coupe, là, qui peut évoquer le regret. » D'autre part, la divination utilise une forme de pensée acausale, qui repose sur notre capacité à relier significativement une prédiction à un événement, suppose des facultés poétiques et en appelle à l'imagination : « J'avais prédit à ma collègue qu'elle obtiendrait son concours dans une ville d'eau, car elle avait sorti la Lune, et elle l'a obtenu à Marseille » ou « On dit que rêver de fleurs annonce une mort ; plusieurs fois, j'ai rêvé de fleurs et quelque temps après, untel est mort. »

Souvent, pris dans un moment de crise, de doute, d'incertitude, de fragilité, de perte de confiance en l'avenir, on attend du cartomancien une forme de prise en charge de notre destin. Alors que la situation nous paraît bloquée, que rien ne permet plus d'y voir clair ni de se projeter, le dispositif cartomantique, par l'interaction entre les systèmes syntaxique, verbal et iconique, nous donne accès à un « voir comme » qui rend possible une ouverture. C'est ainsi que l'on négocie son avenir, d'une manière assez semblable, mais plus nettement évidente, à ce que l'on fait avec les fictions littéraires, cinématographiques ou les projections fictionnelles de soi dans l'avenir. Nous ne nous situons certes pas clairement dans un cadre divinatoire à travers toutes nos pratiques fictionnelles. Cela n'empêche pas cependant de considérer que la divination entretient une forme de parenté avec elles. Peut-être qu'une femme de cinquante ans recevra *Le Jeune Homme* d'Annie Ernaux de la même manière que le message de la carte des Amoureux : un nouvel amour n'arrivera pas comme une nouveauté, mais se superposera aux précédents et au lieu de voir en lui ses autres amants, elle éprouvera « la douceur de [sa] propre durée et de l'identité de [son] désir [6] », réconciliant en elle les morceaux épars. Peut-être que la lecture de ce qui est pour elle une fiction lui ouvrira la voie à une nouvelle aventure amoureuse, parce qu'elle aura saisi ce qui dans cette expérience fictionnelle peut se nouer à sa propre vie.

Coconstruire l'avenir

Dans la pratique, il y a toujours une interaction verbale ou non verbale entre le cartomancien et le consultant. La validité de la parole divinatoire repose sur une négociation

6. Annie Ernaux, *Le Jeune Homme*, Gallimard, 2022, p. 24.

réciproque des éléments de la vie du consultant et des prédictions, à l'intérieur de laquelle ces éléments confèrent leur plausibilité aux prédictions, et les prédictions, une plausibilité aux événements[7]. Il y a quelque chose de l'ordre de l'entente ou de l'accord, qui permet de lancer un processus de construction du futur ou de reconstruction du passé. De cette manière, le tarot est un excellent support pour produire un récit fictionnel. Certains écrivains s'en sont d'ailleurs inspirés, de Pétrarque à Alejandro Jodorowsky, en passant par André Breton ou Italo Calvino. Ce dernier, après avoir découvert les travaux du sémioticien Paolo Fabbri, a fait de la combinatoire des cartes une contrainte oulipienne et un moteur d'invention pour écrire *Le Château des destins croisés*[8]. C'est que la lecture du tarot repose sur un jeu de correspondance subtil « entre la rigueur d'une approche fondée sur la symbolique des images et des nombres et une liberté d'interprétation qui se refuse à conclure sur le sens unique ou ultime d'un symbole[9] ». Une lecture qui fonderait la

7. Cela pourrait ouvrir une réflexion sur le problème de l'induction tel qu'il est posé par le philosophe et logicien Nelson Goodman concernant la façon dont on projette des prédicats des cas observés vers des cas non observables ou non encore observés. Nelson Goodman, *Faits, fictions et prédictions*, Éditions de Minuit, 1954.

8. « J'ai commencé avec les tarots de Marseille, en cherchant à les disposer de manière qu'ils constituent comme les scènes successives d'un récit pictographique. Quand les cartes posées côte à côte au hasard me donnaient une histoire dans laquelle je reconnaissais un sens, je me mettais à écrire », Italo Calvino, *Le Château des destins croisés*, note de l'auteur, Gallimard, 1976, p. 8-9.

9. Marianne Costa, *Le Tarot pas à pas*, Dervy, 2019, p. 107.

structure du récit divinatoire sur la seule combinaison mécanique de signes déterminés lui retirerait sa dimension relationnelle, élément fondamental de son élaboration et de sa performativité. Le récit divinatoire est coconstruit à partir de significations dont le cartomancien exploite l'indétermination pour les ajuster aux besoins, aux désirs et à la situation personnelle du consultant[10]. Il est le fruit d'un échange : il ne s'agit pas d'asservir l'avenir du consultant à l'herméneutique des cartes, mais d'évaluer sa situation à la lumière des éléments fictionnels à caractère prophétique activés par les cartes dans lesquels le consultant fait l'expérience de se projeter. « Ce qu'on appelle invention est de la nature d'une *communication*

---

10. On retrouve ce genre d'indétermination dans de nombreuses formes de communication. Le philosophe du langage Paul Grice considérait que tout échange repose sur l'existence implicite d'un principe de coopération réglé par quatre maximes conversationnelles de quantité, de qualité, de relation et de manière. Il a forgé la notion d'implicature conversationnelle pour décrire des situations dans lesquelles la signification d'un énoncé est suggérée de façon implicite et ne peut être éclairée que par l'effort de l'interlocuteur pour tirer du contexte une information supplémentaire qui donnera un sens à l'énoncé. Le caractère implicite d'un discours rencontre la nécessité pour l'interlocuteur de vérifier les hypothèses de sens de ce discours en fonction du contexte. Dans le cadre d'une consultation divinatoire du tarot la signification des cartes reste implicite tant que le consultant et le cartomancien n'ont pas réussi à établir une relation avec des éléments de la vie du consultant qui pourraient en constituer le sens. La condition de félicité d'une divination par le tarot dépend largement de cette capacité que nous avons de remonter vers la multitude de significations qu'un discours peut impliquer. Voir Paul Grice, « Logique et conversation », *Communications*, n° 30, 1979, p. 57-72 ; John L. Austin, *Quand dire c'est faire*, *op. cit.* ; Erving Goffman, « La condition de félicité », *Actes de la Recherche en Sciences Sociales*, n° 64, 1986, p. 63-78.

[...]. Il faut être deux pour inventer. L'un forme des combinaisons, l'autre choisit, reconnaît ce qu'il désire, et ce qui lui importe dans l'ensemble des produits du premier. Ce qu'on appelle "génie" est bien moins l'acte de celui-ci – l'acte qui combine – que la promptitude du second à comprendre la valeur de ce qui vient de se produire et à saisir ce produit », écrivait Paul Valéry[11]. Dans un tirage divinatoire, la lecture du jeu produit une intrigue parmi quantité d'autres intrigues possibles. Intrigue dont chaque carte représente un ou plusieurs éléments liés entre eux par le cartomancien dans une interaction constante avec le consultant[12]. Le même principe communicationnel opère dans la lecture, le spectacle ou la production de fiction entre le ou les auteurs et ceux qui en font usage.

Lorsque la rencontre annoncée dans mon tirage d'août 2006 s'est produite, j'ai repensé à la lecture de ma mère. Rien ne me permet de dire que le tirage s'est vérifié, mais je peux assurer que quelque chose est arrivé qui ressemblait

---

11. Paul Valéry, « Difficulté de définir la simulation », *La Nouvelle Revue française*, n° 164, 1927, p. 620-621.

12. Aucun élément de sens dans une carte de tarot ne possède une signification univoque. Les cartes peuvent exprimer des significations différentes, voire opposées, selon qu'elles sont tirées à l'endroit ou à l'envers, sont prises dans un flux dynamique ou une stagnation, selon leur position dans le jeu, selon les autres cartes avec lesquelles elles se combinent, selon la question du consultant ou sa situation personnelle, selon la sensibilité du cartomancien, sa fantaisie, l'enseignement auquel il se réfère. Alejandro Jodorowsky, par exemple, fait preuve d'une incroyable imagination dans sa lecture des cartes et prend beaucoup de libertés d'interprétation par rapport aux traités de cartomancie classiques. Voir notamment Alejandro Jodorowsky et Marianne Costa, *La Voie du Tarot*, Albin Michel, 2004.

assez au récit que nous avions construit. La force performative de la phrase « Le Chariot t'annonce une rencontre amoureuse lors d'un voyage » m'a amenée à intégrer ce nouveau scénario parmi ceux dans lesquels je m'étais projetée jusqu'alors. Le dispositif cartomantique a ouvert la voie à une possibilité que je n'envisageais pas ; lorsque celle-ci s'est produite, j'étais en quelque sorte préparée à l'accueillir. La fiction générée par la divination a concrètement influencé le cours de ma vie en y entrant comme un événement parmi d'autres. Quelques jours après mon retour, l'homme que j'avais rencontré à Gênes m'a écrit. Il exprimait son souhait de me revoir malgré la distance qui semblait rendre notre histoire impossible. Il a fini son message par une boutade : « Fais-toi tirer les cartes par ta mère, regarde ton horoscope ! J'attends ta réponse. »

La consultation du tarot est une sorte d'enquête expérimentale qui évalue les moyens de parvenir à une fin – sous-jacente à la question formulée par le consultant – grâce à un dispositif au sein duquel le hasard est pris au sérieux. C'est pour cette raison que sa signification n'est pas autonome. Les cartes ne peuvent jamais être lues comme un système de signes indépendants du contexte de la consultation. Le récit fictionnel engage le cartomancien et le consultant l'un vis-à-vis de l'autre. Il y a une forme de responsabilité du cartomancien dans la construction du récit. Il choisira ses mots devant une combinaison de cartes malheureuses ; on se souvient de l'embarras de la cartomancienne devant les questions pressantes de Cléo. Après la consultation, le consultant sera chargé d'une nouvelle tâche, d'une forme de vigilance : celle de renégocier au fil du temps l'articulation du récit qu'il s'est construit de sa propre vie à celui qui a émergé de la lecture des cartes. Il m'est arrivé de renoncer à la possibilité de me faire tirer les cartes parce que je ne me sentais pas prête à me confronter au récit qui en résulterait, quel qu'il fût.

La divination par le tarot est en premier lieu une pratique sociale. La voir également comme une pratique fictionnelle éclaire le rôle que peuvent jouer les fictions dans nos sociétés, car si la divination est une pratique fictionnelle, la fiction est peut-être d'abord et avant tout une pratique divinatoire. Elle part de pratiques de discours dont le souci est d'organiser le chaos et d'envisager des prises sur le futur. Le cartomancien propose un récit fictionnel appelé à se réaliser à partir de l'interprétation d'une séquence de signes tirés au hasard par le consultant. Le consultant pioche parmi une multitude de possibles la séquence qui composera le sien, comme un coup de dé arrête le sort ou décide de la suite du jeu. Le récit – c'est notamment le rôle du mythe – a toujours été un moyen efficace pour mettre de l'ordre dans le désordre des événements[13] ; la fiction permet de se projeter dans des situations inactuelles. Les récits fictionnels, plus ou moins élaborés, grands ou petits, sont une façon de donner sens à des séquences de signes prélevées au destin. Les auteurs ou récepteurs de ces récits ne s'en remettent pas toujours au destin pour les construire, mais peuvent

13. Sur ce point, voir les travaux de Paul Ricœur, *Temps et récit*, t. I, II et III, Seuil, 1983-1985.

en revanche s'en remettre à eux pour construire le destin. C'est là que réside la dimension divinatoire de la fiction. Il reste à bâtir une théorie de la fiction qui prenne au sérieux le fait que la signification d'une fiction se négocie dans l'articulation du possible qu'elle construit avec une réalité en cours de construction. Nul ne s'étonne lorsque nous signons un contrat avec une entreprise de maçonnerie sur la base de plans architecturaux que dans l'avenir la maison soit construite, même si elle n'est pas exactement telle qu'elle a été projetée au départ. Alors pourquoi nous priverions-nous de voir les fictions comme des plans pour le futur ?

C'est de ce point de vue qu'il faudrait prendre la fiction au sérieux, contrairement à ce que nous a laissé croire une certaine philosophie du langage, de Gottlob Frege à John L. Austin ou John Searle, ce dernier considérant la fiction comme un discours non sérieux puisqu'il est impossible de se prononcer sur sa vérité ou sa fausseté. Si la fiction construit le réel, elle n'a pas à être évaluée à l'aune d'un réel ou d'une vérité qui lui seraient préalables. Les arts divinatoires sont victimes des conceptions dualistes de la pensée occidentale moderne, qui situent le débat scientifique sur des oppositions ontologiques entre l'objectif et le subjectif, le réel et l'imaginaire, les faits et la croyance[14]. Ces pratiques occupent pourtant un espace non négligeable au sein de nos sociétés et soulèvent des enjeux sociaux en termes de réussite ou d'échec, indépendamment de

14. Dans *Voyager dans l'invisible. Techniques chamaniques de l'imagination* (La Découverte, 2019), Charles Stépanoff souligne que la distinction

l'établissement de faits objectifs. Plusieurs anthropologues, sociologues, ethnologues, ethnopsychiatres[15] ont ouvert la voie à une approche pragmatique des pratiques divinatoires qui déplace la recherche scientifique de l'étude du rapport entre fait et croyance vers une attention et une description fine du jeu qui se situe à l'intérieur des fluctuations de la croyance : on y croit sans y croire tout à fait, et pas toujours[16]. De cette façon, l'agentivité de ces pratiques relève moins d'une croyance en leur efficacité que de la force d'une hypothèse sur la base de laquelle fonder une action. C'est sur cette base que les pratiques divinatoires peuvent opérer, au-delà de la sphère intime, dans des formes d'échange sociaux, comme modèles de projection de l'action fondée sur l'intervention d'un objet tiers, troisième terme de l'échange. Dans le cas du tarot divinatoire, l'objet tiers est représenté par le jeu de cartes imagées à interpréter. Mais l'objet tiers peut aussi bien être un fétiche, des esprits, une formule magique, un texte ou un film.

---

entre réel et imaginaire est un héritage de la tradition philosophique occidentale qui n'a pas cours dans d'autres parties du monde. Dans la modernité occidentale, « rêves et rêveries ne rejoignent le réel que s'ils s'objectivent dans des réalisations matérielles : romans, peintures, films » (p. 31), tandis que dans d'autres sociétés, comme celles qui sont adeptes du chamanisme, les rêves et les visions ont une valeur sociale.

15. Pour n'en citer que quelques-uns de façon non exhaustive : Jeanne Favret-Saada, Bruno Latour, Tobie Nathan, Charles Stépanoff, Marc-Antoine Berthod.

16. Je renvoie sur ce point aux travaux de Jeanne Favret-Saada sur la sorcellerie dans le bocage normand.

Conjuguer la fiction et la vie

Par sa pratique amateuriale du tarot divinatoire, ma mère aura donné pas loin d'un millier de consultations. Si l'on tente d'imaginer le nombre de personnes qui se dédient à cette pratique « sauvage », on comprend combien les pratiques fictionnelles sont inscrites dans nos actions courantes et l'influence profonde et continue qu'elles exercent sur nos vies. C'est pour ce genre de raisons que les études littéraires devraient, je crois, s'intéresser aussi à ce que les pratiques fictionnelles peuvent nous faire faire. Que nous soyons nous-même l'auteur d'une fiction, qu'elle naisse de la consultation du tarot ou qu'elle soit l'œuvre d'un artiste, dans tous les cas, ces fictions prédisent l'avenir en même temps qu'elles le créent, puisqu'elles en éprouvent l'hypothèse et en fabriquent la possibilité[17]. Mais ce qui transforme la fiction en une prédiction est la conjonction que nous sommes prêt à établir entre ce qu'elle annonce et ce qui adviendra. Cette conjonction n'est jamais préalable à l'interprétation de la fiction comme prédiction ou comme ce qui peut advenir dès l'instant où nous en faisons l'expérience de pensée. J'en ai fait l'épreuve quelques semaines après ma rencontre génoise.

Une amie à qui je racontais les circonstances de cette rencontre s'est étonnée de leur coïncidence avec le roman

17. Pierre Bayard, *Demain est écrit*, Éditions de Minuit, 2005, p. 107. Je reprends ici les termes que l'auteur applique à la littérature et qui me semblent de façon plus large adaptés à la fiction.

de Nicolas Fargues, *J'étais derrière toi*, sorti la même année[18]. Je me rappelle avoir lu ce livre avec stupéfaction, comme une prédiction à rebours, un plagiat de la littérature par la vie, d'un de ces « futurs advenus » dont parle le théoricien de la littérature Pierre Bayard. La coïncidence entre la fiction et mon histoire n'était pas parfaite, pas plus que ne le sont la plupart des prédictions qui se réalisent. Il suffit d'une correspondance surprenante entre certains éléments pour que la magie opère et que ce qui n'appartient pas encore à la vie dans la fiction y soit charrié, sorte de phénomène métaphorique où, par un air de famille, deux termes distincts se recouvrent et transportent l'un dans l'autre leur univers sémantique. J'ai transporté autant du récit fictionnel de Fargues dans ma vie que de ma vie dans la fiction elle-même. J'ai produit une autre fiction à partir de celle-ci, dont nous pourrions dire avec l'auteur de ce livre que nous l'avons construite ensemble. Cette fiction prophétisait non seulement mon passé récent, mais également mon avenir. Le sentiment de vivre une histoire exceptionnelle et romanesque y oscillait avec celui désenchanté de la banalité des ruptures ratées et des rencontres mythifiées, comme la carte du Diable peut prédire l'enchantement dans toute l'ambiguïté de ce terme en avertissant tout à la fois le consultant d'une passion à venir et des dangers d'un envoûtement.

La divination par les livres ou bibliomancie n'est pas neuve ; on y pousse un peu plus loin l'idée que notre destin

18. Nicolas Fargues, *J'étais derrière toi*, P.O.L., 2006.

puisse se jouer dans une fiction. Dans le chapitre X du *Tiers Livre,* Pantagruel conseille Panurge qui ne parvient pas à prendre la décision de se marier : « Voici ce que vous ferez, si bon vous semble. Apportez-moi les *Œuvres* de Virgile et, en les ouvrant par trois fois du bout du doigt, à partir du vers correspondant au nombre dont nous aurons convenu, nous explorerons le sort futur de votre mariage. De la même manière, les hommes ont souvent rencontré leur destinée par les présages tirés d'Homère. » Il énumère ensuite plusieurs personnages illustres ayant eu recours à la bibliomancie par la pratique des sorts homériques et virgiliens[19]. À commencer par Socrate « qui, en prison, entendit réciter ces vers d'Homère énoncés par Achille au neuvième chant de l'*Iliade,*

> [...] Au troisième jour, sans trop longuement tarder,
> Dans la belle et fertile Phthie je parviendrai.

et prévit qu'il mourrait trois jours plus tard. Et il l'affirma à Eschine, comme l'écrivent Platon dans le *Criton,* Ciceron au premier livre de *La Divination,* et Diogène Laërce[20]. »

---

19. La bibliomancie est l'une des formes de la cléromancie, art de dire l'avenir par tirage au sort, d'où le nom de sorts homériques et virgiliens pour la pratique consistant à considérer comme un oracle les vers d'Homère ou de Virgile choisis au hasard.
20. François Rabelais, *Le Tiers Livre,* dans *Tout Rabelais,* éd. de Romain Memini, Bouquins, 2022, p. 548. Platon, Cicéron et Diogène Laërce rapportent en réalité que le vers d'Homère a été entendu en rêve par Socrate.

On sait comment mourut Socrate. Condamné pour impiété, il resta enchaîné en prison durant un mois avant que n'arrive le navire qui suspendait son jugement et ne lui soit apportée la ciguë mortelle. Il aurait pu s'enfuir, grâce à l'aide de ses amis, mais il choisit de mourir. Le vers d'Homère devenu présage a-t-il en quelque sorte arrêté son choix ? Ou bien, comme nous y invite Pierre Bayard à propos des romans qui ont prédit l'avenir de leurs auteurs, faut-il considérer que les conséquences ne sont pas sans effet sur les causes[21] et, remontant la chaîne des unes vers les autres, considérer que Socrate a agi en fonction des conséquences que le présage lui faisait voir ? Utiliser la puissance divinatoire de la fiction, c'est la rendre à son ordinarité et à sa dimension pratique en la dégageant de la fonction séculaire de miroir de nos actions pour en déployer la force opératoire. Celle-ci est garantie par la relation triangulaire mise en place par le dispositif divinatoire qui inclut : 1) le support fictionnel (roman, rêve, tarot) à interpréter ; 2) l'histoire personnelle ou collective dans laquelle est impliqué le lecteur, spectateur ou auteur de la fiction ; 3) le tiers signifiant, garant de l'échange divinatoire, auquel on accède par l'interprétation personnelle ou seconde (voyant, psychologue, chamane) du support fictionnel. C'est ce tiers signifiant qui transforme la fiction en prédiction en établissant une conjonction entre les deux premiers termes et qui la rend ainsi opératoire.

21. Pierre Bayard, *op. cit.*, p. 131.

Exerçons-nous : lire notre avenir amoureux

Cet exercice vous permettra d'éprouver la valeur divinatoire des fictions. Procurez-vous un jeu de tarot marseillais. Peu importe que vous ne sachiez pas lire le tarot. Il suffit d'un peu d'imagination et de quelques indications sur la signification des cartes que vous trouverez sans difficulté dans les petits livrets qui accompagnent les jeux de cartes ou sur Internet. Pour faciliter la lecture, nous ne consulterons que les arcanes majeurs. Vous pouvez donc les extraire du jeu dès maintenant. Il existe plusieurs stratégies de lecture mobilisables en fonction de la question posée au tarot. Celle que j'ai choisie est *Le Tarot du héros*, développée par Alejandro Jodorowsky[22] à partir du modèle mythologique du voyage du héros popularisé par Joseph Campbell[23]. Elle comporte cinq cartes : la première représente la situation de départ du consultant ; la deuxième, l'objet de sa quête ; entre ces deux cartes, deux cartes placées côte à côte représentent l'obstacle à dépasser ; une dernière carte, située au-dessus de l'obstacle, représente la clé dont dispose le consultant pour atteindre son but.

---

22. Alejandro Jodorowsky et Marianne Costa, *La Voie du tarot*, Albin Michel, 2004, p. 529-530.
23. Joseph Campbell, *Le Héros aux mille et un visages* [1949], Oxus, 2010.

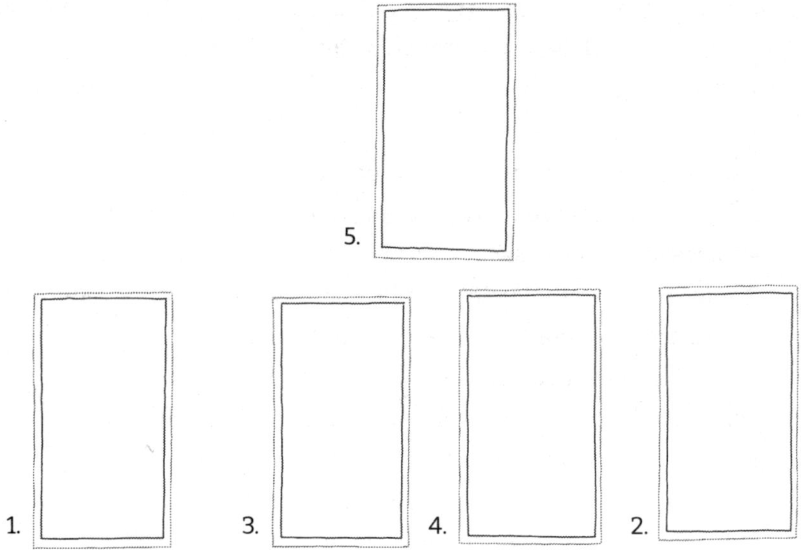

1. Situation du consultant.
2. But ou objet de la quête.
3. et 4. Obstacle.
5. Clé pour dépasser l'obstacle.

Comme il m'est impossible de faire un tirage pour vous sans dresser un portrait-robot plus vague encore que celui des horoscopes du dimanche, je passerai pour vous rejoindre par un personnage de fiction dont, avec un peu de chance, vous connaissez l'histoire, car elle a traversé les siècles, de Mme de Lafayette, qui l'a inventé, à Jean Delannoy, Manoel de Oliveira, Andrzej Zulawski ou Christophe Honoré qui en ont adapté l'histoire au cinéma, jusqu'au roman *Clèves* de

Marie Darrieussecq[24], la BD de Claire Bouilhac et Catel Muller, et la polémique créée en 2006 par Nicolas Sarkozy[25] qui l'a remis sur le devant de la scène. Il s'agit du duc de Nemours[26], amoureux de la princesse de Clèves, personnage du roman éponyme. Mademoiselle de Chartres fait un mariage de raison avec le prince de Clèves. Nemours la rencontre lors d'un bal. Ils s'éprennent l'un de l'autre. La princesse tente de combattre cette passion par amitié et fidélité pour son mari, mais une nouvelle rencontre avec Nemours ravive cette passion dont elle finira par faire l'aveu au prince de Clèves, qui en mourra de chagrin. Nous apprenons à la fin du roman que Mme de Clèves finit ses jours chastement, retirée du monde. Mais Mme de Lafayette ne dit rien du futur amoureux de Nemours, sinon que le temps éteignit sa passion. Imaginons qu'au moment où, fou de douleur, Mme de Clèves se refusant à lui après la mort de son mari, quand leur amour devenait

24. Voir la belle étude de Chiara Rolla, « *Clèves* de Marie Darrieussecq : parcours de lecture et tentative(s) de définition(s) », *Cahiers de narratologie*, n° 23, 2012, https://doi.org/10.4000/narratologie.6630.

25. Le 23 février 2006 à Lyon, devant une assemblée de fonctionnaires, Nicolas Sarkozy, alors ministre de l'Intérieur, a tenu des propos qui laissaient entendre que *La Princesse de Clèves* était réservée à une élite et qu'une guichetière ne pouvait pas y trouver plaisir et intérêt ou en tirer un enrichissement personnel. Enseignants, artistes et intellectuels y ont vu la volonté du candidat à la présidentielle d'enterrer la culture et ont organisé des manifestations et des lectures marathon qui ont fait revivre cette œuvre : « L'autre jour, je m'amusais, on s'amuse comme on peut, à regarder le programme du concours d'attaché d'administration. Un sadique ou un imbécile, choisissez, avait mis dans le programme d'interroger les concurrents sur *La Princesse de Clèves*. Je ne sais pas si cela vous est souvent arrivé de demander à la guichetière ce qu'elle pensait de *La Princesse de Clèves*... Imaginez un peu le spectacle ! »

26. Ce personnage prend pour modèle Jacques de Savoie-Nemours (1531-1585).

enfin possible, il eût consulté une cartomancienne[27] et que son tirage – que j'effectue au hasard – fût le suivant :

5. 

1. 

3. 

4. 

2. 

1. Situation : l'Impératrice.
2. But : le Chariot.
3. et 4. Obstacle : le Monde – le Jugement.
5. Clé pour dépasser l'obstacle : le Mat.

Avant de vous livrer ma version de la lecture qu'elle eût pu lui en faire, je vous propose d'interpréter vous-même ce tirage. Si

---

27. La cartomancie se démocratisera en France un siècle plus tard grâce à Antoine Court de Gébelin, mais, comme on l'a vu, les personnages de *La Princesse de Clèves* n'ont pas d'âge. Voir Isabelle Nadolny, *Histoire du tarot*, Trajectoire, 2018.

vous connaissez l'histoire et les personnages, mesurez ce qui, dans la fiction de Mme de Lafayette, vous conduit à interpréter les cartes d'une manière plutôt qu'une autre et à projeter telle vision de l'avenir du personnage.

Voici à présent ma lecture de ce tirage à Nemours : (1) Votre situation, avec l'Impératrice, vous présente comme un être séduisant, plein de ferveur et de désir, un désir de procréer et de régner. L'Impératrice peut manifester aussi la présence d'une femme belle et désirable, une femme de pouvoir, chaleureuse et féconde. Regardez son sceptre appuyé sur la région pelvienne ! (2) Votre but est d'en devenir l'amant triomphant et d'élever votre rang dans le monde. Observez le personnage du Chariot, il est couronné ! C'est une carte virile, une carte d'action, de mouvement, qui s'avance vers le succès. Elle renvoie à votre capacité de récupérer force et énergie malgré les épreuves. Mais elle vous met en garde aussi contre l'imprudence de vous croire déjà en pays conquis et contre vos difficultés à maîtriser votre ardeur. Voyez-vous les deux chevaux lancés au galop dont il faut contenir les forces contraires ? (3) Ah, ce qui fait obstacle à votre conquête est la position de la femme aimée. Elle est enfermée, recluse ou prisonnière de l'amour d'un autre. Le Monde est généralement une carte très positive, mais la carte est bloquée par son emplacement dans le jeu devant le Jugement. (4) Il indique que votre amour est contrarié, soumis au jugement des hommes et de Dieu. Je vois aussi dans cette carte qu'il s'agit d'une femme posée, possédant une grande énergie spirituelle. Vous devez être droit et vertueux pour mériter son amour. Elle doute peut-être de la profondeur de vos sentiments ? (5) Le Mat vous conseille d'aller de l'avant, de ne pas avoir peur de partir. Il est de nouveau le signe de l'énergie qui vous habite, mais aussi de votre liberté et de votre force de libération, de votre capacité de détachement. Son pas déterminé, marchant droit devant, montre qu'il se sépare de la situation qui le précède. Peut-être serez-vous amené à vous éloigner et à voyager. Le Chariot évoque également le voyage et la conquête d'autres terres. Voyons comment débloquer la situation en réorganisant les cartes de l'obstacle et de la résolution dans leur ordre numérique. Voici donc dans l'ordre : le Mat, le premier des arcanes majeurs, le Jugement, qui est l'arcane XX et le Monde, vingt-et-unième et dernière carte de la série des arcanes.

Dans cette position, le Jugement précède naturellement le Monde et y conduit en lui donnant toute sa puissance de plénitude et de réalisation. Le Mat rejoint le Monde, comme le commencement et la fin, en passant par le Jugement où un homme et une femme (*animus* et *anima*) assistent à une naissance ou une résurrection annoncée par la trompette de l'ange qui les surplombe. La femme qui se trouve au centre de la mandorle est fécondée par le Mat et elle est porteuse d'accomplissement. Dans cet ordre, le conseil qui vous est donné est de répondre à l'appel du Jugement en reconnaissant en vous votre désir de renaître et d'engendrer. La femme qui vous est promise n'est donc peut-être pas celle qui occupe actuellement vos pensées, car pour pouvoir garder intact cet amour, vous devriez tous deux en répondre à la fois devant les hommes et devant Dieu. Votre chemin vous conduira vers une femme libre auprès de laquelle vous satisferez les désirs qu'exprime le Chariot si vous parvenez à les dominer.

Votre lecture est-elle différente de celle-ci ? Notez bien les coïncidences et les divergences entre elles.

Effectuez ensuite un tirage sur votre propre avenir amoureux. Observez bien les images, imprégnez-vous de leurs détails et, vous laissant guider par votre intuition, osez quelques associations audacieuses, construisez votre fiction prédictive. Notez-vous des différences entre la manière dont vous avez construit la prédiction pour Nemours et celle dont vous construisez la vôtre ?

Si c'est la première fois que vous vous prêtez à ce jeu, quel que soit votre degré d'adhésion préalable, vous serez sans doute étonné de vous voir pris·e par l'intensité dramatique qui se crée inévitablement autour d'un tirage. C'est votre vie qui est mise en jeu. Raison pour laquelle vous n'oublierez pas ce que les cartes vous révéleront. Même si vous n'y accordez finalement que peu d'importance, cela s'imprimera dans votre mémoire bien mieux que la liste des courses ou la trame du dernier film que vous aurez vu, à moins que vous n'accordiez à celui-ci la valeur d'un oracle. Vous ne pourrez vous empêcher de créer de nouvelles associations au détour des pensées ou des souvenirs qui affleureront à votre esprit, des situations que vous provoquerez peut-être pour suivre le conseil des cartes ou respecter leur mise en garde. Vous ne cesserez d'y penser et cette pensée vous conduira à des changements imperceptibles ou radicaux. Alors vous vous rendrez compte que la lecture des cartes aura changé le cours de votre vie, comme Cléo qui, après avoir vu l'arcane sans nom matérialiser sa peur de mourir, entame un processus de changement la conduisant au réveil et à l'action.

Enfin, faites l'expérience de pensée suivante : pensez à un point du récit de *La Princesse de Clèves* que vous pourriez considérer comme une prédiction de votre propre vie amoureuse : le coup de foudre ? La jalousie éprouvée par la princesse quand elle croit que Nemours en aime une autre ? L'aveu de ses sentiments pour Nemours à son mari ? La douleur de Nemours de perdre la princesse ? Gardez à l'esprit les éléments du récit qui résonnent le mieux avec votre propre histoire et cherchez des points de jonction entre les deux qui vous permettront de « prévoir » la suite à partir des points d'appui pris dans la fiction. L'effet sera sans doute moins spectaculaire que dans le cadre d'une consultation du tarot où la règle suppose que la vie du consultant soit le sujet direct sur lequel portera la divination, mais il n'en sera peut-être pas si différent. La divination consiste à esquisser des schémas d'interaction, qui sont la matière première dont toute histoire est faite[28].

---

28. Dominique Casajus, *op. cit.*, p. 64.

Comment se faire des amis

L'amitié elle-même est en quelque sorte
l'exercice spirituel par excellence.

Pierre Hadot, *Exercices spirituels*
et philosophie antique.

Je devais avoir six ou sept ans lorsque m'est apparue la possibilité que mes poupées et peluches s'animent durant la nuit et se sentent esseulées à l'heure du coucher. Je décidai d'en sélectionner quelques-unes qui dormiraient avec moi. Le choix était difficile, mon lit fut vite plein. Je ne pouvais, sans me sentir ingrate, choisir seulement mes jouets préférés et écarter les plus usés, les moins intéressants ou les moins beaux, ceux que de plus récents avaient remplacés dans mon cœur. J'organisai donc un tour de rôle, qui prit assez vite fin, devant l'embarras continu du choix, l'inconfort de mes nuits et la fugacité de mon désir d'équité.

Je crois éprouver parfois un semblable sentiment lorsque je pense à mes amis. Ils occupent une place importante dans mon quotidien, bien que je n'aie pas revu certains d'entre eux depuis de nombreuses années. Il arrive que des circonstances nous donnent l'occasion de nous retrouver. C'est alors une joie immense. Mais la plupart du temps, nos relations sont celles que la proximité physique et nos activités du moment facilitent. Comme s'il suffisait de quelques personnes dans notre proche entourage avec qui partager nos projets, nos joies, nos préoccupations, des moments de chaleur.

Bien sûr il y a ou il y a eu ces amis avec qui on partage tout, ceux que l'on compte, paraît-il, sur les doigts d'une main. L'ami dont on rêve enfant ou adolescent, celui en qui nous avons une confiance absolue et puisons notre confiance en nous. Celui que nous aimons pour ce qu'il est et qui n'est pas nous, où nous trouvons un prolongement de nous-même. Cet ami-là, nous n'avons pas tous la chance de le rencontrer. Nous traversons des déserts de solitude, observons avec envie de joyeuses bandes de copains. Se faire des amis demande certaines compétences. Pris par le quotidien de la vie professionnelle, familiale, ce qui nous semblait vital auparavant passe au second plan. Nous nous en accommodons tant bien que mal, le plus souvent sans nous en rendre compte. Les

« liens faibles[1] » prennent le dessus. Ceux-ci ne sont pas moins importants, nous savons aujourd'hui à quel point ils sont déterminants dans nos socialités[2]. Pourtant, quand la vie vacille, ils ne suffisent pas toujours et nous nous souvenons du prix de l'amitié. Mais comment les amitiés se forgent-elles, qu'est-ce qui les nourrit, les rend possibles ? Des interactions avec mes poupées et peluches à mes amitiés réelles, quel pas est franchi ? À explorer la forge des amitiés, nous pourrions mieux comprendre une compétence que la plupart d'entre nous développent dès le plus jeune âge.

Comme Calvin et Hobbes, par exemple. Hobbes, oui, le tigre en peluche, l'ami imaginaire du petit Calvin, tous deux personnages de la bande dessinée de Bill Watterson. Contrairement à ce que l'on pourrait croire, cette forme de relation n'est pas réservée à la petite enfance. Certains adultes ont des amis imaginaires, qu'ils partagent même parfois. Un couple d'amis convoque régulièrement celui qu'ils dénomment « ours » dans leurs conversations. Ils cultivent avec lui une amitié de longue date. Ours les sauve de situations délicates, il participe à leurs débats, leur fait des surprises et partage avec eux des moments de franche rigolade. Cela vous étonne ? Pourtant, ne vous arrive-t-il

1. L'expression, forgée par le sociologue Mark Granovetter (« The Strength of Weak Ties », *American Journal of Sociology*, vol. 78, n° 6, mai 1973), fait l'objet d'un ouvrage collectif sous la direction d'Alexandre Gefen et Sandra Laugier, *Le Pouvoir des liens faibles*, CNRS Éditions, 2020.
2. Mark Granovetter, *ibid.* ; Pierre Mercklé, *La Sociologie des réseaux sociaux*, La Découverte, 2004.

pas de vous surprendre à discuter avec vos auteurs ou vos personnages favoris, de la même manière que nous prolongeons mentalement des conversations avec certaines personnes qui occupent nos pensées ? Nous ne nous adressons pas toujours directement à eux, mais nous nous soucions de leurs peines, de leurs actes, nous agaçons de nos désaccords, adoptons leur manière de sortir d'un mauvais pas, reconnaissons la tournure de leurs raisonnements dans les nôtres.

Un air de famille

La figure de Hobbes est aussi ambiguë que celle du canard-lapin – vous savez, cette fameuse figure qui de lapin devient canard par un déplacement de regard[3]. On le voit tantôt comme une peluche, tantôt comme un tigre antropomorphe, jamais les deux simultanément, mais pourtant toujours réunis dans la même figure dont on reconnaît les traits.

3. Bill Watterson disait au sujet de Hobbes : « Je montre deux versions de la réalité, et chacune d'elles fait parfaitement sens pour le participant qui la voit. » Bill Watterson, *The Calvin and Hobbes Tenth Anniversary Book*, Andrews and McMeel, 1995. Je traduis.

« En quoi consiste le fait de voir la figure tantôt d'une façon, tantôt de l'autre[4] ? » s'interrogeait le philosophe Ludwig Wittgenstein à propos du canard-lapin. « Est-ce que je vois vraiment chaque fois quelque chose de différent, ou est-ce que j'interprète seulement ce que je vois de diverses façons ? Je pencherai pour la première solution[5]. » L'enfant, lui, dit : « Je sais bien que c'est une peluche, mais pour moi, elle est vivante. » Il *n'interprète* pas la poupée comme vivante, il la voit, ou plutôt la conçoit spontanément comme vivante. De même qu'il n'est pas possible d'avoir conscience ou de s'observer en train d'avoir une illusion, comme le remarquait l'historien de l'art Ernst Gombrich[6], l'enfant ne fait pas *semblant* de voir ou de croire la poupée vivante : il la voit ainsi et cela a

4. Ludwig Wittgenstein, *Remarques sur la philosophie de la psychologie*, vol. I, T.E.R., 1989, § 1.

5. Ludwig Wittgenstein, *Recherches philosophiques*, Gallimard, 2005, p. 299.

6. Ernst Gombrich, *L'Art et l'illusion*, Gallimard, 1971.

un effet sur sa réalité. L'amie baleine de mon fils le protégeait des monstres et lui assurait ainsi des nuits sereines. En Australie, une femme du nom de Jeni Haynes, atteinte de trouble dissociatif de l'identité, a développé une multitude d'alter ego qui l'ont aidée à survivre aux sévices infligés par son père ; elle les a fait témoigner devant la justice australienne[7].

Après tout, pourrait-on m'opposer, le canard-lapin est une image qui change d'aspect visuel, alors que le double aspect de notre ami imaginaire peut être saisi seulement dans notre imagination. Mais est-ce si différent ? Dans le cas de Jeni Haynes, la justice a considéré nommément et traité chacun de ses alter ego, dont elle a retenu les charges énoncées contre l'accusé, comme faisant partie de sa personne à part entière. Ludwig Wittgenstein remarque que l'on peut se comporter devant un « visage-image » comme devant un visage humain : « Je peux scruter son expression, réagir à elle comme à celle d'un visage humain. Un enfant peut s'adresser à un homme-image ou à un animal-image, et le traiter comme il traite ses poupées[8]. » Les deux expressions « ami imaginaire » et « meilleur ami » sont reliées entre elles par un aspect qui s'apparente à un air de famille. Voir l'ami imaginaire

7. Diane Regny, « Une victime de violences et ses multiples "personnalités" ont témoigné devant la justice australienne », *Le Monde*, 6 septembre 2019, https://www.lemonde.fr/international/article/2019/09/06/une-victime-de-violences-et-ses-multiples-personnalites-ont-temoigne-devant-la-justice-australienne_5507351_3210.html.

8. Ludwig Wittgenstein, *Recherches philosophiques*, *op. cit.*, p. 276.

comme un véritable ami est une question d'aspect : il a l'aspect d'un ami et je le reconnais comme tel, cela n'a rien de virtuel ou de faux, même s'il ressemble à une baleine. Ludwig Wittgenstein, encore : « Ne faut-il pas de l'imagination pour entendre quelque chose comme une variation sur un thème déterminé ? Et pourtant on perçoit par là quelque chose. "Imagine ceci modifié ainsi, et tu obtiendras cela." On peut produire une preuve en imagination[9]. » De la même façon, l'imagination peut produire des effets sur nos vies. C'est l'une des fonctions principales de nos fictions ordinaires. L'ami imaginaire est en ce sens exemplaire des relations et des interactions que nous entretenons en imagination. Il est en réalité assez surprenant, à bien y réfléchir, que nous nous étonnions, parfois même nous alarmions, de voir perdurer la relation d'un enfant avec son ami imaginaire, quand, à l'âge adulte, nous varions et multiplions sans y penser ces formes d'interaction. De nombreux psychologues conseillent aux parents de rappeler à l'enfant que l'ami imaginaire existe « pour de faux » et de ne pas entrer dans son jeu, ce qui sous-entendrait que, si nous faisions semblant d'y croire, la limite entre le vrai et le faux n'existerait plus. Mais quand l'enfant fait porter la responsabilité de ses bêtises à sa peluche, il a bien compris ce qui se passerait s'il endossait lui-même cette responsabilité. Que font de mieux les adultes quand ils fabriquent des mensonges ou énoncent des demi-vérités ? Les sociétés, comme celles des Achuar,

9. *Ibid.*, p. 299-300.

qui communiquent avec les entités de la nature via les rêves et pour lesquelles des activités comme la chasse ou le jardinage sont en partie oniriques, ont une notion du vrai, du faux, du mensonge, même s'ils ne partagent pas une théorie de la connaissance identique à la nôtre et ne tracent pas le même partage entre fiction et réalité[10]. Pourquoi ne pas reconnaître dans cette capacité qu'a l'enfant de vivre en deçà du mythe philosophique d'une séparation entre le réel et la fiction, un potentiel imaginaire à cultiver jusque dans l'âge adulte ?

Des fictions relationnelles protectrices

Pour parler d'ami imaginaire, il faut avoir acquis les usages permettant de distinguer entre les concepts de fiction et de réalité, usages dont un enfant ne dispose pas. En attendant, l'enfant interagit avec son ami, en parle, fait avec lui un tas de choses. Le frère de mon ami Christophe avait un ami imaginaire lorsqu'ils sont arrivés en France après avoir quitté le Sénégal dont ils auraient souhaité ne jamais partir. C'était un petit Indien qui vivait dans les arbres du parc de la résidence voisine. La fenêtre de leur chambre d'enfant donnant sur ce parc, il passait là des heures à le regarder. Il affirmait aussi communiquer avec lui par télépathie ou par signes[11]. À la suite de Donald Winnicott, l'ami imaginaire

---

10. Philippe Descola, *Les Lances du crépuscule*, Plon, 1993.
11. Ce récit est issu d'un ouvrage à paraître de Christophe Hanna.

est considéré par les psychologues comme un équivalent de l'objet transitionnel qu'est le doudou pour les bébés[12]. Il soutiendrait l'enfant dans l'aménagement de la rencontre entre le principe de plaisir et le principe de réalité, dans un « espace potentiel » où l'omnipotence ne serait pas réprimée par la sanction du réel. Selon Winnicott, l'adulte ne quitte finalement jamais cet espace potentiel dans lequel il voyait l'origine de la culture, une bulle où une relation créative au réel pourrait prendre place[13]. Cet espace intermédiaire, médiumnique, est envisagé comme un pivot créant une dialectique entre réel et imaginaire, vivant et non-vivant, soi et l'autre. Nos catégories nous privent sans doute de la capacité à saisir la continuité et la non-séparation de ces domaines que des sociétés non occidentales ne situent pas dans un face-à-face rigide. Dans les sociétés chamaniques, comme celle des Tuva en Sibérie orientale, le chamane est le médium qui conjoint deux espaces parallèles : celui, immédiat, où l'assemblée est réunie et celui, virtuel, fait de paysages et d'êtres fantastiques, où il se projette grâce à l'expérience du voyage en esprit auquel la communauté s'associe[14].

Les techniques de l'imagination du chamane, comme celles de l'enfant, sont des moyens d'interaction avec la communauté et de projection hors de situations problématiques. Elles développent des dispositifs qui, comme

12. Brune de Bérail et Sylvain Missonnier, « Entre angoisse et créativité : les compagnons imaginaires », *Dialogue*, vol. 3, n° 189, 2010, p. 39-55.
13. Donald Winnicott, *Jeu et réalité. L'espace potentiel*, Gallimard, 1975.
14. Charles Stépanoff, *Voyager dans l'invisible*, *op. cit.*, p. 21.

des prothèses, se substituent ou s'ajoutent à des formes d'interaction existantes. Par leur caractère prophétique, elles ont la fonction de faire advenir des changements et de les préparer. Elles protègent et sauvegardent ainsi les individus, la communauté, par la création d'un espace où la prophétie peut s'accomplir[15]. C'est ainsi qu'à Tuva, la chamane Ondarmaa entreprend de sauver un homme que les médecins ne parvenaient pas à soigner :

> Avec son tambour et son battoir en main, elle fit le geste de saisir une entité invisible qui s'était installée dans le corps du patient et la projeta dans une figurine de pâte qu'il avait façonnée à l'avance. La figurine fut aussitôt jetée à l'extérieur de la maison pour être mangée par les chiens[16].

« Pour elle », raconte l'anthropologue Charles Stépanoff, « l'âme de cet homme était partie vers le monde inférieur et il était urgent de la rattraper avant qu'elle n'atteigne le pays des morts[17] ». Elle part alors à sa recherche, cheminant dans la steppe, et la retrouve. Tout ceci sans quitter

15. On pourrait aussi rapprocher leur fonction prothétique de celle de la Prothèse, appelée aussi Liturgie de la Préparation qui, dans les Églises d'Orient, est la cérémonie de préparation de la messe. La Prothèse s'effectue dans le sanctuaire, à l'abri du regard des fidèles, et symbolise la vie cachée de Jésus Christ, ces « années obscures » dont les écrits canoniques ne disent rien, entre la fin de son enfance et le début de sa prédication.

16. Charles Stépanoff, *Voyager dans l'invisible*, *op. cit.*, p. 20.

17. *Ibid.* ; voir aussi Charles Stépanoff, « Dessins chamaniques et espace virtuel dans le chamanisme khakasse », *Gradhiva*, n° 17, 2013, p. 144-169.

les lieux, les yeux fermés, dansant et tambourinant, livrant à la communauté le récit de son voyage à travers son chant. La créativité de la chamane mêlée aux gestes ritualisés constitue sa maîtrise des techniques de l'imagination. Par ces techniques, elle produit ce qu'on pourrait appeler une fiction relationnelle[18] – comme celle que nous entretenons avec un ami imaginaire – dans un espace de jeu où il devient possible de poser des actions qui, en dehors de celui-ci, n'auraient aucun effet. La participation du patient à l'élaboration de la fiction est requise, puisqu'il doit fabriquer la figurine qui recueillera son mal et qui, comme la chamane, fera office d'intermédiaire entre ce monde-ci et le monde inférieur. La fiction chamanique, la figurine, l'ami imaginaire, la peluche ont cette fonction d'intermédiaire entre des « mondes » dont l'interaction permettra de sortir de situations de blocage.

On voit par exemple dans *Un secret*, roman semi-autobiographique de Philippe Grimbert, comment l'ami imaginaire peut être un moyen de faire interagir des « mondes » a priori incommensurables, de donner vie à un pressentiment par une fiction qui devine une réalité passée et rend possible la survie des relations intrafamiliales aussi bien que le développement, pour l'enfant, de futures relations. Dans ce roman, un petit garçon se découvre un frère imaginaire au moment où il trouve dans une mansarde une peluche abandonnée qui trouble sa mère :

18. Ce qui est tout l'inverse, évidemment, de l'illusion d'une relation.

> La nuit qui a suivi je pressais pour la première fois ma joue mouillée contre la poitrine d'un frère. Il venait de faire son entrée dans ma vie, je n'allais plus le quitter. De ce jour j'ai marché dans son ombre, flotté dans son empreinte comme dans un costume trop large. Il m'accompagnait au square, à l'école, je parlais de lui à tous ceux que je rencontrais. À la maison j'avais même inventé un jeu qui me permettait de lui faire partager notre existence : je demandais qu'on l'attende avant de passer à table, qu'on le serve avant moi, que l'on prépare ses affaires avant les miennes au moment du départ en vacances[19].

Lorsqu'il se brouille avec ce frère, l'enfant trouve consolation auprès de sa nouvelle peluche, à laquelle il a donné le prénom de Sim. Il découvrira, des années plus tard, que ce frère avait effectivement existé. Il s'appelait Simon et il était mort à Auschwitz avec sa mère qui, dans un acte de désespoir, s'était livrée à la police française après avoir découvert la relation de son mari avec la mère du narrateur. On retrouve ici le double caractère prothétique et prophétique du travail de l'imagination de l'enfant, qui coconstruit le récit fictionnel d'une relation avec ce frère invisible auquel il entend faire une place au sein de sa famille. Ce frère contient les projections de l'enfant et celles de ses parents, il est un compagnon

19. Philippe Grimbert, *Un secret*, Grasset, 2004, p. 8.

des profondeurs psychiques du noyau familial[20]. Avec lui, l'enfant fabrique un espace de jeu interactif où peut s'exprimer ce qui par ailleurs est indicible. De la même façon, la chamane coconstruit à l'aide du patient un espace imaginaire prophétique visant à protéger et sauver l'âme de celui-ci.

Le peuple de nos rêveries

Il arrive que l'ami imaginaire ne permette pas à l'enfant d'établir une relation avec sa communauté, et l'entraîne dans un repli sur soi et une rupture de contact avec sa propre réalité sociale et familiale. Pourtant, la fonction de l'ami imaginaire, si elle ne devient pas pathologique, nous aide à nous construire en tant qu'êtres sociaux, et parfois même nous sauve la vie. C'est ce que rapportent par exemple les personnes qui ont fait l'expérience du « troisième homme[21] », une expérience vécue le plus souvent par des explorateurs (alpinistes, marins solitaires, plongeurs) ou des rescapés de catastrophes pris dans des situations de péril profond, entre la vie et la mort. Ces personnes racontent qu'au moment le plus critique, elles ont

20. Brune de Bérail, « Entre fantasme et fantôme : la relation d'objet virtuelle d'un enfant à son frère (imaginaire ?) », *Spirale*, vol. 4, n° 60, 2011, p. 109-115.

21. Cette expression doit son nom à Sir Ernest Shackleton, qui a mené en 1914 l'expédition Endurance en Antarctique. Voir John Geiger, *L'Ami invisible. Le mystère de la survie dans les environnements extrêmes*, J.-C. Lattès, 2012, chap. II.

vu apparaître ou senti une présence amie qui les a guidées et leur a donné la force de surmonter l'insurmontable[22].

Une présence bienveillante, un ami imaginaire, des personnages de fiction sont autant de points de fuite à partir desquels il est possible de construire un espace fictionnel d'interaction avec le réel. Nos jeux imaginaires avec des personnages sont un moyen de mesurer les diverses formes de relation à explorer dans cet espace. Certains personnages partagent nos vies, nous en parlons, leur imaginons un futur, discutons de leurs choix dans des conversations entre amis, sur des forums en ligne, etc. Nous incorporons leurs habitus, dit la philosophe Martine de Gaudemar, nous les implantons en nous, devenons ainsi parents ou jumeaux et, en jouant avec eux, nous nous transformons[23]. Peuple de nos rêveries, ils forment une société avec laquelle nous commerçons. C'est probablement la raison pour laquelle, selon le philosophe et historien Pierre Hadot, l'amitié était chez les épicuriens « l'exercice spirituel par excellence », un exercice qui peut se pratiquer aussi bien avec des personnes réelles qu'en imagination. Quand nous quittons un ami, notre relation avec lui se poursuit sans qu'il le sache, sa présence nous habite, ses gestes et nos échanges verbaux

22. *Ibid.* Le psychologue et philosophe William James décrit lui aussi ce phénomène au sujet d'expériences d'une présence invisible qu'il définit comme des expériences mystiques. William James, *L'Expérience religieuse. Essai de psychologie descriptive,* Alcan, 1906.

23. Martine de Gaudemar, « Doudous d'adultes. Une aire commune d'illusion », *in* Alexandre Gefen et Sandra Laugier (dir.), *Le Pouvoir des liens faibles, op. cit,* p. 270.

également, nous en inventons d'autres qui nous accompagneront jusqu'à notre prochaine rencontre. Nous sommes ainsi en dialogue constant avec des amis réels, créés de toutes pièces ou élus dans notre imagination, comme des connaissances, des personnalités, des personnages historiques ou de fiction.

Dans un espace de jeu fictionnel, nous nous essayons à divers scénarios relationnels où nous rodons notre capacité à l'amitié par tentatives, erreurs et ajustements. Nous apprenons à manipuler les instruments au tranchant délicat de la boîte à outils des relations humaines, où l'amitié tient une place fondatrice. Car au-delà du sentiment exclusif que l'on peut éprouver pour quelques êtres chers avec lesquels nous expérimentons l'écoute, l'entraide, la confiance, la critique bienveillante, et parfois aussi la rivalité, la trahison ou l'abandon, l'amitié se décline aussi entre les peuples, les humains et les non-humains. Selon le philosophe John Dewey, l'amitié ne serait pas sans l'art et l'imagination grâce auxquels « une communauté et une continuité qui n'existent pas physiquement sont créées[24] ». L'art et l'imagination donnent accès à ce que vivent, éprouvent, sentent d'autres êtres dans d'autres régions du monde, en développant un sentiment de sympathie que de simples données informationnelles seraient insuffisantes à communiquer. Car « c'est lorsque les désirs et les aspirations, les intérêts et les modes de réaction d'un

24. John Dewey, *L'Art comme expérience*, Farrago/Presses universitaires de Pau, 2005, p. 385.

autre deviennent une expansion de notre être que nous le comprenons. Nous apprenons à voir avec ses yeux, à entendre avec ses oreilles[25] » et l'expérience qui en résulte, bien qu'imaginaire, nous offre une réelle instruction, car nous l'avons vécue dans notre chair. Le sentiment d'amitié se construit donc aussi dans l'exercice ordinaire et quotidien de l'imagination. Dès lors comprendre le sens de l'amitié ne signifie-t-il pas reconnaître et développer l'étendue de nos amitiés imaginaires en leur permettant de prendre leurs aises, en les laissant nous entraîner dans des jeux d'interaction sans nous préoccuper de savoir où cela nous mènera, juste pour voir ce qui pourrait en résulter ? S'exercer aux techniques de l'imagination est ainsi nécessaire. Les chamanes sont des artistes en cela, comme tous ceux qui font du tissage de fictions leur métier. Dans les pratiques chamaniques sibériennes, la vision et le rêve sont des techniques d'exploration des subjectivités des animaux, des arbres et des montagnes[26]. L'enfance nous a appris que nos capacités d'exploration de l'amitié peuvent s'étendre jusque-là.

Nos fictions ordinaires nous construisent en tant qu'êtres sociaux et exercent nos compétences relationnelles. Les amis imaginaires sont à ce titre exemplaires. Ils partagent avec nos amis réels des airs de famille, au point que parfois nous nous adressons aux uns et aux autres sans distinction. Ils n'ont donc pas moins d'incidence sur nos vies que

25. *Ibid.*, p. 386.

26. Charles Stépanoff, *Voyager dans l'invisible*, *op. cit.*, p. 22.

nos amis réels. Nos fictions relationnelles se substituent ou s'ajoutent à des formes d'interaction existantes, introduisant un tiers signifiant qui permet de transformer ces dernières. C'est dans cet espace de jeu que nous développons des compétences fictionnelles de projection, telles que voir avec les yeux et entendre avec les oreilles d'un autre, grâce auxquelles nous développons nos amitiés. Les amis imaginaires précèdent souvent et rendent possibles nos amitiés qui continuent ensuite d'être nourries par, et de nourrir elles-mêmes, une conversation fictionnelle ininterrompue.

Exerçons-nous : s'entraîner à l'amitié

Prenons modèle sur les philosophes épicuriens, les peuples sibériens, les enfants, et exerçons-nous à l'amitié. Imaginez dans le dialogue à trous suivant les réponses d'un ami imaginaire. Essayez de vous en représenter l'aspect, la personnalité, les singularités. Faites-le vivre dans votre imagination. Poursuivez le dialogue, inventez-en d'autres.

Quelle est votre impression en lisant ces phrases ? Qui est de votre point de vue l'ami imaginaire ? Ses paroles font-elles écho en vous ou sont-elles au contraire sans résonance, étrangères, voire désagréables ? Lequel de vous deux doit-il être apprivoisé ? Comment, par vos réponses, faire une place dans votre cœur à cet ami ?

– Tu vois, nous grandissons ensemble, nous nous comprenons.

– ....

....

– J'aime bien me lover, là, au creux de ton bras. On dirait qu'il est fait pour ça.

– ....

....

– Quand tu me parles, ça vient de je ne sais où, contre mon cœur. Je me demande par où tu parles.

– ....

....

– J'entends ton cœur battre. Quelque chose dedans fait tic... tic...

– ....

....

– Tout le monde sait que tu parles ?

– ....

....

– C'est vrai ?

– ....

....

– Je n'ai jamais été méchant·e avec lui.

– ....

....

– C'est mal de pleurer ?

– ....

....

– J'ai l'impression que j'ai une petite cage vide dans mon cœur.

– ....

....

– Oui, je me vengerai.

– ....

....

– Qu'est-ce que tu as ?

– ....

....

– Je n'aime pas les disputes ; mais si tu es en colère, il vaut mieux le dire tout de suite.

– ....

....

– Écoute, ne fais pas cette tête-là. Lui, c'est mon meilleur ami. Mais toi, tu règnes au sommet. Il faut que tu saches que le cœur des gens doit être très grand pour contenir tout ce qu'on aime.

– ....

....

– Aujourd'hui, c'est son anniversaire. Tu crois que je devrais l'appeler ?

– ....

....

– Mais lui, il ne m'a presque jamais appelé·e, même pas pour savoir si je vais bien, ce que je fais dans la vie.

– ....

....

– Il est vieux maintenant. Il aura peut-être oublié les détails.

– ....

....

– Si je pense à lui, pourquoi garder cette pensée pour moi sans la partager ?

– ....

....

– Peut-être qu'il faut essayer.

– ....

....

– Comment fais-tu pour voir au-delà de mon cœur ?

– ....

....

– Au revoir, tu es la plus belle chose du monde[27].

---

27. Ce texte s'inspire librement de la relation entre José et son ami Minguinho, un petit pied d'oranges douces, dans le livre de José Mauro de Vasconcelos, *Mon bel oranger*, qui a marqué mon enfance.

Comment se défendre contre ses ennemis

> Puis elle s'enferma dans une chambre secrète où personne n'entrait, et y prépara une pomme empoisonnée, superbe à voir, blanche et rose de peau, fraîche à croquer.
>
> Jacob et Wilhelm Grimm, *Contes allemands du temps passé*, traduction de Félix Frank et E. Alsleben.

J'ai eu une marâtre dont j'ai longtemps pensé qu'elle me voulait du mal. En rêve, je la soupçonnais d'avoir glissé un peu de belladone dans le nuoc-mâm qu'elle nous servait à table, proféré contre moi des incantations maléfiques devant sa vénérée statuette ventrue, retourné mon cerveau en agitant sous mon nez ses bracelets de jade et ses effluves de Poison. Des dizaines de fois, son sang a giclé sur l'émail blanc de la salle de bain, souillant ses cheveux noir corbeau. Des dizaines de fois, je me suis réveillée envahie d'une force nouvelle. Comme si le travail du rêve accomplissant sa fonction cathartique m'avait rendu, aussi bien qu'à l'école des sorciers, des pouvoirs dont les sortilèges de cette femme m'avait dépossédée.

Ensorceler, désorceler

Les sorciers ont dans l'histoire de nombreux peuples un statut ambivalent. Tantôt maléfiques, tantôt bienfaisants, on redoute leurs sortilèges tout en les sollicitant pour accomplir des miracles contre la mauvaise fortune. Le sorcier a l'art d'interroger le sort et d'en modifier le cours en agissant à distance, par magie, sur les énergies des personnes, des lieux ou des objets. La plus connue sans doute des pratiques de sorcellerie consiste à fabriquer une dagyde, petite poupée d'argile ou de chiffon, à l'effigie de personnes existantes. L'objectif est de leur faire éprouver toutes les actions qui seront effectuées sur la poupée. Si on pique la poupée au niveau du crâne, la personne visée peut en éprouver de terribles migraines ou être frappée à la tête par un objet contondant et en souffrir gravement, voire en mourir. L'ensorcelé peut alors recourir à un désorceleur pour identifier le sorcier à l'origine du sortilège afin de s'en défendre ou d'en défaire l'enchantement. Le sorcier, ou le désorceleur, a ainsi la fonction d'un tiers qui, par un acte fictionnel, permet la résolution d'une équation : tout se passe comme si l'un des termes était transposé d'un côté à l'autre pour renverser les forces en présence. Exactement comme, dans une équation mathématique, la transposition d'un terme d'une expression algébrique à l'autre transforme l'opération qui lui est appliquée (de l'addition à la soustraction ou de la multiplication à la division, et réciproquement). Dans le cadre de la sorcellerie, un acte fictionnel pris au sérieux peut aussi bien affaiblir une personne à laquelle on souhaite du mal pour en tirer bénéfice ou soulagement, que rendre sa force à celui qui a subi un sortilège en affaiblissant son auteur supposé. Bien qu'exprimé dans des termes différents, ce phénomène est bien mis en évidence dans les travaux sur la sorcellerie bocaine de l'ethnologue Jeanne Favret-Saada auxquels je vous propose de nous intéresser.

Nommer ses ennemis

Dans les années 1970, après que l'un de ses étudiants lui eut rapporté les récits d'ensorcellement de familles paysannes du bocage normand et leurs conséquences tragiques, Jeanne Favret-Saada décide d'y mener une enquête sur la sorcellerie rurale, qui durera trois ans. Frappée par la violence mortifère qu'évoquent ces récits plus que par leur irrationalité, elle découvre à ses dépens la complexité des pratiques d'ensorcellement et de désorcellement[1]. Son

1. Témoignage de Jeanne Favret-Saada, « Jeanne Favret-Saada, *Livre 4 : La sorcellerie dans la Mayenne* », 6 novembre 2018, http://www.fabrique-desens.net/Jeanne-Favret-Saada-Livre-4-La.

journal de terrain, publié en 1981 sous le titre *Corps pour corps* [2], raconte les difficultés auxquelles elle se heurte jour après jour pour obtenir des informations sur son objet de recherche, jusqu'à ce qu'elle accepte de se laisser personnellement affecter par la sorcellerie. Elle comprend alors que pour apprendre quelque chose sur la sorcellerie il faut être soi-même « pris » dans les sorts – ou tout au moins dans une situation d'énonciation sorcellaire, ce qui revient au même, car « en sorcellerie, l'acte, c'est le verbe[3] ».

> Une attaque de sorcellerie peut se résumer à ceci : une parole prononcée dans une situation de crise par celui qui sera plus tard désigné comme sorcier est interprétée après coup comme ayant pris effet sur le corps et les biens de celui à qui elle s'adressait, lequel se dénommera de ce fait ensorcelé. Le désenvoûteur prend sur lui cette parole autrefois adressée à son client et la retourne à son émetteur initial, le sorcier. Toujours, l'*« anormal »* est dit se mettre en place après qu'une parole a été proférée, qui n'en finira plus d'insister jusqu'à ce que le désenvoûteur vienne faire écran entre l'émetteur et le récepteur[4].

Jeanne Favret-Saada observe que le travail du désorceleur consiste, grâce à la prescription d'actes rituels de

2. Jeanne Favret-Saada, *Corps pour corps*, Gallimard, 1981. Elle publiera deux autres ouvrages sur le sujet : *Les Mots, la mort, les sorts*, Gallimard, 1977 et *Désorceler*, Éditions de l'Olivier, 2009.
3. Jeanne Favret-Saada, *Les mots, la mort, les sorts*, *op. cit.*, p. 25.
4. *Ibid.*

désenvoûtement, « à rebrancher les ensorcelés sur leur aptitude à la violence et au mal » afin qu'ils retrouvent la force qu'un tour de sorcier leur a retirée, sans exiger d'eux qu'ils le reconnaissent ni n'en prennent conscience. Ainsi, sans rendre directement le mal pour le mal, non seulement celui que nous ont fait nos ennemis peut être réparé, mais l'on peut également s'en protéger en le neutralisant.

Qu'est-ce qui nous assure que nos ennemis cherchent à nous ensorceler, me direz-vous ? Mais, vous répondrai-je, qu'est-ce qui nous dit qu'ils ne le font pas ? Jeanne Favret-Saada raconte qu'au bout d'un an de terrain dans la région bocaine où elle s'était installée, plusieurs ensorcelés ont commencé à se confier à elle, non pour les besoins de son enquête, mais parce qu'à la suite d'une série d'incidents (problèmes de santé, accidents de voiture) elle se trouvait désormais « prise », comme eux, dans les sorts. Elle parvient alors à rencontrer Madame Flora, qui pratique le désorcellement avec les jeux de cartes et de tarots[5]. « Dès la première entrevue, Madame Flora voulut que je nomme les ennemis que j'avais pu me faire. Or j'avais beau ne pas croire qu'un sorcier ait pu poser des charmes susceptibles de me rendre malade, j'avais beau ne pas croire que nommer soit tuer, je fus dans une totale impossibilité de lui livrer aucun nom[6] », raconte-t-elle. Elle a peur, elle est hébétée. La voyante, impressionnante, énorme,

5. Madame Flora utilise le jeu de piquet et le Grand Jeu de Mlle Lenormand.
6. Jeanne Favret-Saada, *Désorceler, op. cit*, p. 10.

fellinienne insiste et la somme de donner des noms : son mari, une femme jalouse, des collègues envieux, des personnes malveillantes à qui elle aurait parlé de son objet de recherche ? « Ça n'ira pas jusqu'à la mort, ma p'tit dame, d'accord ! Mais faut vous protéger. Dites-moi les noms[7] ! » Alors, elle cède, lâche quelques noms avec remords. Une fois identifiés les coupables présumés, Madame Flora confirme l'ensorcellement à l'aide des jeux de cartes et de l'ensorcelée, puis elle lui demande d'accomplir, une fois rentrée chez elle, une suite de rituels et d'actes métaphoriques destinés à anéantir ses ennemis, tandis qu'elle y officiera également de son côté.

À travers cette expérience personnelle de la peur de nommer ses ennemis et des actes que Madame Flora lui enjoint d'accomplir pour les neutraliser, Jeanne Favret-Saada touche du doigt que la violence, même symbolique, n'est pas sans effet, la désignation par le nom étant en sorcellerie un « acte d'agression magique susceptible d'enclencher un processus mortel[8] ». Elle pose ainsi, à la fin des années 1970, les jalons d'une anthropologie symétrique que Bruno Latour renforcera à partir de la décennie suivante. Cette nouvelle approche remet en question le partage entre l'ethnographe et les enquêtés, qui tend à transformer ces derniers en objets d'observation d'un unique sujet sachant[9]. En se laissant affecter par la

7. Jeanne Favret-Saada, *Corps pour corps, op. cit.*, p. 270.
8. Jeanne Favret-Saada, *Désorceler, op. cit.*, p. 102.
9. *Cf* Gérard Lenclud, « Vues de l'esprit, art de l'autre », *Terrain*, n° 14, 1990, p. 5-19 ; Laurence Kaufmann et Marine Kneubühler,

sorcellerie, l'anthropologue ne peut plus l'analyser et l'expliquer comme un ensemble de croyances, car il devient impossible de la distinguer, préalablement à l'enquête, de ce qui n'en serait pas. Comme le rappelait Bruno Latour en 1990, « les soucoupes volantes sont des constructions au même titre que les trous noirs. Peut-être sont-elles des constructions différentes, mais ce n'est pas à l'analyste d'imposer cette différence a priori[10]. » C'est pour cette raison que, dans ce livre, je mets sur le même plan plusieurs pratiques que l'on fait généralement relever des croyances plutôt que des fictions : en me situant du côté de leurs effets, j'extrais ces pratiques du champ des croyances pour les observer comme des fictions ancrées dans le réel.

Reconquérir une position institutionnelle

En la sommant de nommer ses ennemis, Madame Flora invite l'anthropologue à les identifier. Mais comment y parvenir quand le mal dont on est atteint est difficilement attribuable à un coupable ? Qui sont donc ces ennemis ? Chez les Bocains, les sorciers se trouvent généralement parmi « les voisins », une catégorie de la population qui se situe à une bonne distance sociale. Ce ne sont ni des parents ni des inconnus. Ce sont des personnes avec

---

« Introduction du Dossier "Affecter, être affecté. Autour des travaux de Jeanne Favret-Saada" », *SociologieS,* 2014, http://journals.openedition.org/sociologies/4707.

10. Bruno Latour, « Quand les anges deviennent de bien mauvais messagers », *Terrain,* n° 14, 1990, p. 76-91.

lesquelles nous entretenons de simples relations, sans aucun conflit ouvert, et que nous pourrions voir souffrir sans trop en souffrir nous-mêmes. Pourtant ce qui pose le plus souvent problème aux Bocains sont les haines de famille, liées aux questions d'héritage ou de reprise d'exploitations, plus que les relations de voisinage. C'est ce qui conduit Jeanne Favret-Saada à considérer le désorcellement bocain comme une sorte de dérivatif visant une thérapie du collectif familial. Elle nomme cela une « institution de rattrapage », « un dispositif destiné à aider certains sujets – les chefs de famille et d'exploitation – à franchir un passage devant lequel ils ont échoué[11] ». La sorcellerie peut donc être vue comme une manière de poser des actes fictionnels qui ont pour fonction sociale de compenser ce que les institutions, de la famille à l'école en passant par l'Église ou la justice, ont échoué à faire. Elle use pour ce faire de dispositifs, comme les sorts, les rituels magiques, le tarot divinatoire, grâce auxquels les ensorcelés pourront récupérer une position de force qui leur permettra de faire face à leurs responsabilités sociales ou de développer l'agressivité nécessaire à la gestion de conflits. En orientant leur agressivité vers des objets sur lesquels ils pourront l'exercer sans se mettre personnellement en danger – les voisins plutôt que la famille –, le dispositif sorcellaire les engagera à accomplir des actes qui ne seront pas sans produire en eux des changements psychiques.

11. Jeanne Favret-Saada, *Désorceler*, *op. cit.*, p. 144.

Ce que souhaitent les clients de Madame Flora, c'est qu'on les isole du mal incompréhensible et honni dont ils sont les victimes innocentes et affaiblies. Et ce que Madame Flora fait, c'est leur rendre leur force en allant la puiser « du côté de celui qui jouit d'un surplus de force, du côté de ce qu'incarne la figure du sorcier, c'est-à-dire du côté de la haine, de la violence, de l'agressivité[12] ». Difficile d'admettre que nous puissions mobiliser en nous les ressorts mêmes qui rendent coupables et détestables nos ennemis pour les retourner contre eux. Ce serait se reconnaître capable de la même méchanceté. La plupart des religions ne nous enseignent-elles pas à aimer nos ennemis au lieu de vouloir les châtier selon la loi du talion ? Madame Flora invite donc l'ensorcelé à reconstruire sa force par un subterfuge qu'elle accomplit à son insu à l'aide des jeux de cartes. L'ensorcelé sera responsable du tirage qu'il aura effectué en choisissant les cartes au hasard, mais ni lui ni la voyante ne devront endosser directement la responsabilité des messages que les cartes fourniront, puisqu'elles « parlent » d'elles-mêmes :

> « Oh la féline, la sale voisine, la salope, la dame de carreau : elle vous en veut à mort ! » (Expression consacrée qui signifie : « C'est elle, votre sorcière. ») Madame Flora ramasse alors les cartes précédentes, les abat une à une : « Tenez : y a bien eu un fléau dans votre maison ! »,

12. *Ibid.*, p. 81.

« Voyez comme c'est raffiné ! », « C'est p'têt' pas elle qui l'a fait (jeter le sort), mais elle l'a fait faire[13] ! »

Le récit façonné par le tirage et théâtralisé par Madame Flora, en concrétisant l'existence d'un ennemi et de sorts jetés, légitimera un reversement de méchanceté sur le coupable – et ce grâce au tiers signifiant, indépendant de toute volonté humaine, qui s'exprime à travers les cartes et qui prend en charge la relation entre le mal subi et le désir de punir un coupable. La fiction opérera ainsi son effet. Mais comment la désorceleuse rend-elle concrètement leur force aux ensorcelés ? C'est ici qu'entre en jeu le subterfuge.

Retrouver la force

Madame Flora attribue des valeurs morales aux couleurs du jeu de piquet. Les cartes noires (trèfle et pique) représentent le mal et le sorcier ; les cartes rouges (carreau et cœur), le bien et l'ensorcelé. Toutefois elle introduit adroitement dans ce système deux cartes clandestines, en croisant les couples de sorciers et d'ensorcelés : la dame de carreau (rouge) représente la sorcière ; le roi de pique, le sorcier ; la dame de pique (noire), l'ensorcelée ; le roi de carreau, l'ensorcelé. C'est ainsi que ce dispositif fonctionne comme un « embrayeur de violence[14] », en

13. *Ibid.*, p. 91.
14. *Ibid.*, p. 86.

compromettant les consultants avec le mal. Dès lors que le consultant s'engage dans un processus de désorcellement, il doit pouvoir s'identifier visuellement au représentant du mal qu'il est prêt à assumer de faire, ou de faire faire, à son ennemi[15].

Selon le philosophe et anthropologue François Flahault, la méchanceté est une forme de réaction à l'inévitable existence des autres : « La force qui nous pousse à exister rencontre les autres à la fois comme condition de notre existence et comme obstacle ; derrière toute méchanceté, même banale, se trouve donc le désir d'une toute-puissance qui balaie l'obstacle et nous impose sans condition[16]. » Le mal que l'on veut aux autres proviendrait donc du fait que leur existence nous semble limiter la nôtre. La force qui nous manque ne nous reviendrait qu'en leur retirant la leur. Que nous disent les pratiques de sorcellerie de nos relations à nos ennemis ? Comment les pratiques de désorcellement peuvent-elles nous aider à nous en défendre ? Au contraire des situations de harcèlement moral ou d'atteintes physiques qui supposent une proximité directe entre l'agresseur et sa victime, une attaque sorcellaire ne nécessite pas d'interaction directe et l'agresseur est toujours présumé. Comment s'assurer

15. Jeanne Favret-Saada insiste sur le fait que cette substitution des rôles se fait à l'insu des consultants. En effet, Madame Flora n'explicite jamais ce croisement et cette identification au mal par une carte mauvaise, mais elle s'y appuie pour justifier la force de la consultante, par exemple en désignant la carte : « Vous, vous êtes forte. » *Ibid.*, chap. IV.
16. François Flahault, *La Méchanceté*, Descartes et Cie, 1998.

qu'un ennemi soit mis hors d'état de nuire par des actions menées à distance ? Une jeune Zaïroise atteinte d'une soudaine paralysie du bras a raconté à l'ethnopsychiatre Tobie Nathan sa thérapie par un *n'ganga*. Lorsqu'il lui demanda si le sorcier responsable de son mal avait été découvert, elle lui répondit : « Naturellement, puisque j'ai guéri[17]. » L'écho est à peu près le même chez les Bocains, au sujet de la mère Chicot, accusée de sorcellerie : « "C'sont des mauvais esprits qui sont tombés sur elle d'un coup." [...] Mais qu'est-ce qui prouve qu'elle ensorcelait les gens de La Roche ? "Bein... on s'doute ! La mère Chicot, on sait qu'c't elle puisqu'è' s'est morte[18] !" » Si le malade guérit après l'identification du coupable ou si l'accusé meurt ou subit des malheurs après avoir été identifié, c'est que l'accusation était juste. La violence des pratiques sorcellaires reste donc symbolique jusque dans une certaine mesure, puisque ses effets sont, eux, bien réels. Jeanne Favret-Saada souligne d'ailleurs que la croyance en la théorie du désorcellement se limite, chez les Bocains, à la croyance en l'efficacité réelle du rituel. Selon elle, ce qui est en jeu se situe dans la relation entre le désorceleur et l'ensorcelé : il s'agit de faire sortir celui-ci de sa situation de victime passive et ainsi de rabattre la violence sur un tiers, le présumé jeteur de sort, non directement impliqué dans cette relation.

17. Tobie Nathan et Isabelle Stengers, *Médecins et Sorciers*, La Découverte, 2012, p. 71.
18. Jeanne Favret-Saada, *Corps pour corps*, *op. cit.*, p. 134.

Des antidotes fictionnels au mal

La thérapie psychique permet d'une manière similaire de récupérer une telle force active, à travers la création par le thérapeute d'un espace de jeu où se coconstruit un récit qui enveloppe le mal et soutient le patient. Que l'ennemi soit réel ou imaginaire, le recours à un espace de jeu permet de projeter nos mauvais désirs et de leur donner un cadre plausible, où ils pourront évoluer sans que l'on en soit heurté de plein fouet. Ce jeu n'est pas sans effets. Certains ennemis peuvent en mourir, comme la mère Chicot qui n'aurait pas supporté les accusations de sorcellerie dont elle faisait l'objet. Mais la sorcellerie, comme la cure psychique, comme les contes, comme la plupart de nos fictions ordinaires, n'ont pas cette visée. Ils construisent un espace dans lequel nous pouvons projeter et expérimenter notre énergie créatrice[19], une énergie qui inclut également nos pulsions agressives et notre méchanceté. Comment rendre coup pour coup sans entrer dans une spirale de violence ? Il existe des antidotes fictionnels au mal. Certains y croient plus qu'ils ne le croient. Souvenons-nous de l'affaire de la poupée vaudou de Nicolas Sarkozy alors qu'il était président. Il avait mis en accusation une petite maison d'édition qui avait publié un coffret satirique contenant un livret, une poupée de chiffon à son effigie, et douze épingles pour la piquer. La

19. J'entends ici l'énergie au sens aristotélien du terme *energeia*, le processus selon lequel la puissance se réalise en acte.

justice lui a donné une première fois gain de cause en interdisant la vente du coffret. Lors d'un second procès en appel, la cour a finalement renoncé à en interdire la commercialisation, mais a jugé la poupée attentatoire à la dignité du chef de l'État, car elle sous-tendait « l'idée de faire du mal physiquement » à la personne du président, la justice niant par ces propos « la différence entre une effigie et un corps[20] ».

Les pratiques de sorcellerie nous montrent comment poser l'équation qui permettra, en déplaçant au niveau fictionnel des enjeux trop lourds à porter, de mobiliser en nous les forces nécessaires à surmonter les coups du sort. La fiction y intervient comme un élément tiers qui, se greffant sur une situation existante, en transforme la donne. En m'attribuant des pouvoirs – au moyen de rituels, de phrases magiques ou de talismans –, le désorceleur m'incite à introduire dans ma vie des éléments fictionnels qui me conduisent à mettre en œuvre de nouveaux schémas d'action, à faire appel à des ressources psychiques insoupçonnées. Et, parce qu'ils sont « pris » dans le jeu sorcellaire, ces éléments ont également des effets sur les personnes et les objets impliqués dans ce jeu. On peut alors comprendre que l'idée de faire du mal au président Sarkozy à travers un acte fictionnel soit prise au sérieux par une cour d'appel en justice.

20. Jeanne Favret-Saada, « On y croit toujours plus qu'on ne croit. Sur le manuel vaudou d'un président », *L'Homme*, vol. 2, n° 190, 2009, p. 7-25.

Exerçons-nous : rééquilibrer le jeu de forces entre ennemis

Imaginez vos ennemis formant un cercle. Fermez les yeux et visualisez-vous au centre de ce cercle. Essayez maintenant, tout en gardant les yeux fermés, de vous abandonner mentalement dans leurs bras en vous laissant tomber en arrière. Répétez l'exercice jusqu'à ce que chacun d'eux vous retienne solidement sans vous laisser vous effondrer par terre.

Maintenant, cédez votre place au centre à l'un de vos ennemis et prenez la sienne sur le périmètre du cercle. Aidez-le mentalement à s'abandonner aux bras de vos autres ennemis ainsi qu'aux vôtres. Étudiez vos réactions, vos gestes, vos émotions, vos sentiments. Combien de fois le laissez-vous s'écrouler au sol ? L'aidez-vous à se relever ?

Recommencez l'opération pour chacun de vos ennemis. Jusqu'à l'épuisement, le sauvetage de tous ou le total ennui.

Enfin, en dernier lieu, placez-vous à la fois au centre et à la périphérie du cercle, puis recommencez l'opération. Lequel de vos ennemis vous tend les bras pour vous sauver de la chute ? En faites-vous partie ?

Comment vivre avec les défunts

L'âme est partie, on rend le corps à la nature.
La vie a disparu sous cette créature ;
Mort, où sont tes appuis ?
Le voilà hors du temps, de l'espace et du nombre.
On le descend avec une corde dans l'ombre
Comme un seau dans un puits.

Victor Hugo, « Pleurs dans la nuit », *Les Contemplations.*

J'ai longtemps pensé que la seule manière de maintenir en vie nos défunts était d'en raviver le souvenir. Le rythme de mes gestes quotidiens en ressuscite des instants de vie partagés. Dans de plus rares occasions, je les évoque avec ceux qui, comme moi, les ont aimés ou simplement connus. Je les rencontre quelquefois en rêve, vivants ou déjà morts. Il m'arrive aussi de poursuivre avec eux un dialogue imaginaire. Cela nous arrive à tous, n'est-ce pas ? Ces dialogues imaginaires, nous les pratiquons d'ailleurs également avec les vivants.

Créer des passerelles

Est-il vrai que « si nous ne prenons pas soin d'eux, les morts meurent tout à fait [1] », interroge la philosophe et éthologue Vinciane Despret ? Je n'ai jamais pris l'habitude d'aller me recueillir sur la tombe des miens. Je me le suis souvent reproché, comme si une fois morts, ils ne méritaient plus l'effort de me déplacer jusqu'à eux, prise que j'étais dans le tourbillon de ma propre vie. C'est que je vis assez loin de leurs cimetières ; par ailleurs, il me semble qu'ils ne sont plus dans leur dépouille, même si j'ai du mal à me représenter ce qu'il pourrait rester d'eux ailleurs. Mais notre relation avec nos défunts est-elle affaire de représentation, au sens où il s'agirait de nous rendre simplement présents à l'esprit des êtres qui n'ont plus d'existence ? Peut-être cette relation dépend-elle plutôt de nos actes, au sens où l'action crée la relation, à commencer par l'acte d'attention. « Ce que nous appelons "réalité" (individuelle, sociale, idéologique) est une interprétation, construite par et à travers la communication », écrivait le psychologue et sociologue de l'école de Palo Alto Paul

1. Vinciane Despret, *Au bonheur des morts. Récits de ceux qui restent,* La Découverte, 2015, p. 14.

Watzlawick[2]. On peut imaginer que la relation avec nos défunts est, elle aussi, à construire à travers un acte de communication.

Je peux bien me représenter mes grands-parents maternels encore vivants ; en revanche, je ne sais pas comment me les représenter morts, sinon par les dernières images et sensations que je garde de leur corps froid et rigide. Pourtant ils m'accompagnent et me hantent ; je les retrouve dans mes gestes, mes expressions, les quelques objets qu'il me reste d'eux, sur la chaise absente à la table d'un repas de famille, à l'angle de mes succès et de mes défaites. Mais je ne crois pas pouvoir dire que j'ai une relation avec eux. J'en éprouve de la tristesse, car j'ai le sentiment de ne pas trouver ce qui me permettrait de les rejoindre. Ce sentiment, je l'éprouve aussi parfois, en un certain sens, devant mon enfant qui devient adolescent ou mon premier compagnon que je revois de temps en temps. La mue ou la rupture équivalent à la perte de ceux que j'ai connus différents ou différemment. Une nouvelle relation est à construire. La différence entre une métamorphose ou une rupture et une disparition est que dans le second cas, rien ne vient plus changer le souvenir de la relation qui se maintient dans une forme de continuité. Certaines ruptures, amicales ou amoureuses, connaissent un point de non-retour. On parle alors de « faire le deuil d'une relation », et cela suppose la nécessité d'un travail pour

2. Paul Watzlawick, *Faites vous-même votre malheur*, Seuil, 1984, p. 54.

nous défaire des liens entretenus par la mémoire avec ceux que nous avons aimés, jusqu'à l'oubli.

La métamorphose de mon fils et l'éloignement de mon ancien compagnon ne transforment pas la nature du lien qui nous unit, ils en modifient la forme. Rien ne m'empêche de chercher à établir une communication avec eux, même si la qualité de nos échanges se heurte à des représentations obsolètes que nous avons les uns des autres et qu'il nous faudra trouver le moyen de transformer en expérimentant d'autres manières de dialoguer. Et si la définitive absence des défunts nous prive de notre moyen habituel de communiquer, elle ne nous prive peut-être pas non plus de toute relation avec eux. On a vu que dans certaines sociétés, les chamanes sont capables de voyager dans l'invisible, en mettant en œuvre des techniques de médiation entre les êtres humains et les esprits[3].

Pour ne pas vivre encombrés de nos morts comme s'il ne restait d'eux que la douleur ou une dette de vie dont se défaire, peut-être est-il possible d'inscrire une histoire commune dans le temps. Il faudrait pour cela réaliser « un changement de changement[4] » qui modifie le cadre conceptuel et émotionnel dans lequel nous tentons d'opérer des transformations. J'ai beau invoquer

3. Pour une enquête sur les sociétés chamaniques et l'idée que ces sociétés, contrairement aux nôtres, ne se fondent pas sur une ontologie dualiste qui établit une frontière entre fiction et vraie vie, voir Charles Stépanoff, *Voyager dans l'invisible, op. cit.*

4. Paul Watzlawick, John H. Weakland et Richard Fisch, *Changements. Paradoxes et psychothérapie*, Points, coll. « Essais », 1990, p. 19.

le souvenir des baisers à répétition de ma grand-mère, lui faire prononcer de sa voix chantante des paroles qu'elle a pu m'adresser, rire en famille à l'évocation de situations dans lesquelles elle était capable de nous mettre dans son souci de nous unir, je ne vis pas *avec* elle tant que je ne sors pas d'une conception de la réalité dont elle ne fait plus partie. Quoi que nous fassions lorsque nous sommes en proie à un cauchemar, le seul changement de comportement qui nous permettra d'y mettre fin est de passer du rêve à l'état de veille ; de même, il faut, pour vivre avec nos défunts, établir des points de contact entre leur règne et celui des vivants. Mais comment ?

Nous n'avons certes pas toujours le souhait de vivre avec nos défunts. La mort de certains vivants, même s'il est parfois difficile de se l'avouer et peu orthodoxe de le dire, nous soulage, nous libère. J'ai vu des vivants renaître après la mort de leurs proches, tout en en cultivant un souvenir nouveau, accomplissant pour eux des gestes qu'ils n'auraient pas imaginés de leur vivant. Comme cet homme, engagé dans un conflit permanent avec sa mère âgée dont il avait la lourde charge, et qui, depuis sa mort, se rend chaque semaine dans sa maison déserte pour arroser les plantes dont elle aimait prendre soin. Notre relation avec les morts, comme avec les vivants, est ce que nous en faisons. Nous pouvons entretenir leur présence ou choisir de ne pas y donner suite. Vivre avec nos morts peut aussi signifier continuer de vivre sans eux.

Aller à la rencontre des morts

Et si nous prenions au sérieux l'injonction de Carl Gustav Jung, dans ses *Sept sermons aux morts*, d'aller à leur rencontre et de dialoguer avec eux ? À en croire l'auteur, ce sont eux qui s'adressent à nous à travers leur apparition dans nos rêves et nos visions. Le dialogue n'implique pas nécessairement échanger des paroles. Il peut aussi passer par des gestes, des sons ou des images. Rencontrer les morts suppose de combler l'abîme entre deux ordres ontologiques, tout au moins de passer de l'un à l'autre, de les faire coexister sans disjonction : l'être et le néant d'une part, mais aussi le réel et l'imaginaire d'autre part, car l'entrée en relation avec l'invisible n'est peut-être ni simplement réelle ni purement imaginaire ; elle relève plutôt d'une coconstruction d'un réel à venir, qui réclame toute la puissance de l'imagination pour advenir.

La question de savoir si cette rencontre aura réellement lieu ou sera le pur fruit de notre imagination n'a, ici, pas de raison d'être. Faut-il le voir pour y croire ou y croire pour le voir ? Cette interrogation ne me paraît pas plus pertinente que la précédente, car ce qui constitue la rencontre supprime la question de la croyance. Vivre avec les défunts suppose donc un acte volontaire dont il nous faudra trouver les modalités en cultivant la rencontre comme un art. Je peux ainsi interpréter de diverses façons les paroles d'un défunt qui me visite en rêve : comme un moyen d'élucider mes propres processus psychiques ou comme un message que celui-ci cherche à me communiquer, l'un n'excluant d'ailleurs pas l'autre. Dans le second cas, je ne donne pas seulement à ces paroles la valeur d'une construction symbolique de ma propre psyché. En prenant ces paroles en quelque sorte au pied de la lettre, tout en sachant qu'elles proviennent de la bouche d'un mort vu en rêve, je leur accorde la même valeur que si elles avaient été prononcées de leur vivant et ainsi j'active la rencontre. Pensez à l'état d'apaisement, de joie, dans lequel nous laissent au réveil les paroles de consolation ou d'encouragement que viennent parfois nous délivrer les morts dans nos rêves. Elles ont un effet immédiat, modifient notre état émotionnel et le cours de nos actions. Mon amie Federica, bien qu'elle reconnaisse avoir une relation au temps assez élastique, a la vertu de régler ses factures le jour même de leur réception. En le faisant, elle pense toujours à remercier son grand-père dont elle se fait un honneur de perpétuer cette habitude. Ma mère m'a raconté un rêve dans lequel elle voyait ma grand-mère marquer un arrêt et la regarder d'un air interrogateur en l'entendant parler avec ma sœur de son nouveau-né. Pourquoi la naissance de cet enfant ne lui avait-elle pas été annoncée ? Depuis, ma mère ne manque jamais de la tenir informée des grands et petits événements qui touchent notre famille. « Les morts demandent à être aidés à nous accompagner. Il y a des actes à réaliser, des réponses à donner à cette demande, écrit encore Vinciane Despret. Répondre accomplit non seulement l'existence du mort, mais l'autorise à modifier la vie de ceux qui répondent [5]. »

5. Vinciane Despret, *op. cit.*, p. 15.

Partager nos journées

Je voudrais m'arrêter un instant sur le caractère irrationnel que pourrait représenter l'attitude de ma mère dialoguant avec sa mère morte ou celle de mon amie remerciant son grand-père quand elle en perpétue le geste et l'attitude morale. Si nous y prêtons attention, qui d'entre nous n'a pas fait l'expérience de cette présence des morts dans sa vie quotidienne ? Pourtant, nous n'adoptons pas tous la même attitude devant ce qu'il nous reste de nos morts, devant ce qui s'en manifeste ; car entretenir une relation avec eux demande une autre forme d'engagement épistémologique que celle qui nous contraint à considérer l'accueil de ces présences comme une conduite relevant de la croyance, de l'illusion ou de l'imagination. Nous restons encore tributaires de schémas binaires qui nous obligent et nous écartèlent : ou bien les morts ont une existence et nous devrions en fournir la preuve, ou bien cette preuve n'est pas accessible et tout ce qui nous rapporte à eux relève de la croyance. Le problème vient en réalité de la manière dont nous en posons les termes : nous reconnaissons que le contenu de notre croyance possède un sens (mon grand-père me visite en rêve), mais comme ce sens ne réfère à aucun existant (mon grand-père est mort), nous en concluons qu'il ne correspond à aucune réalité.

Le même type de représentation est à l'œuvre dans les approches traditionnelles de la fiction : une licorne y est considérée comme pure fiction, car elle ne correspond à aucune entité existante. On explique donc le fait qu'elle ait un sens dans les histoires par la suspension volontaire de notre incrédulité[6]. Cela signifie qu'il faudrait faire semblant de croire que la licorne existe réellement pour que l'entité « licorne » présente au sein d'une fiction prenne un sens pour nous. Une telle perspective a pour effet de nous plonger dans le désarroi et l'empêchement d'agir, car ce que nous expérimentons de notre relation aux défunts et dans nos usages fictionnels se situe ailleurs : dans le jeu qui se forme dans les fluctuations de la croyance et qui fait de la fiction comme de la présence des morts une hypothèse, une projection vers un devenir à partir de laquelle une action ou une relation pourra être construite. La foi, le doute et l'espoir alternent, comme dans ces mots d'Henri Michaux adressés à sa femme Marie-Louise, morte dans un tragique incendie domestique[7] :

6. Le concept de « suspension volontaire de l'incrédulité » *(willing suspension of disbelief)* provient de l'écrivain et critique S. T. Coleridge. Il décrit l'opération mentale par laquelle le récepteur d'une œuvre de fiction consent à faire comme si le contenu de l'œuvre était réel ou tout au moins possible.

7. Henri Michaux, *La Vie dans les plis*, Gallimard, 1949. Je puise cette référence dans une conférence intitulée « Et toi, que fais-tu avec tes morts ? » donnée par Marielle Macé en avril 2019 à la Maison de la poésie dans le cycle qui a accompagné la parution de son livre *Nos Cabanes*, Verdier, 2019. Elle y développe une réflexion sensible et inspirée sur les manières dont les poèmes de deuil travaillent la syntaxe pour tenter de se rapporter aux morts avec justesse. Elle précise que l'adresse aux morts ne peut avoir lieu par l'invention d'une fiction en forme de faire semblant, point sur lequel je la rejoins via une conception précisément non mimétique de la fiction : « Ce n'est pas par fiction que peut avoir lieu ici l'adresse. Ce n'est pas par image que l'on dira “tu” en faisant semblant de pouvoir être entendu ou de pouvoir

> Celui qui est seul se tourne le soir vers le mur, pour te parler. Il sait ce qui t'animait. Il vient partager la journée.
> Il a observé avec tes yeux. Il a entendu avec tes oreilles.
> Toujours il a des choses pour toi.
> Ne me répondras-tu pas un jour ?

Ce n'est pas seulement dans les mots et l'adresse, mais aussi dans le geste et dans l'intention que prend corps cette relation : il a fallu toute la puissance d'imagination d'Henri pour regarder *avec* les yeux et entendre *avec* les oreilles de Marie-Louise. L'imagination, rappelons-nous-le, est ce qui permettait l'amitié pour John Dewey. Elle est aussi ce qui rend possible la vie d'Henri *avec* Marie-Louise défunte : voir et entendre comme Marie-Louise pour pouvoir « partager » la journée. Nos fictions ordinaires ouvrent des brèches dans notre quotidien et y créent l'espace de jeu nécessaire à une modification de nos modèles d'interaction. Faire l'expérience fictionnelle de voir ma journée avec les yeux d'une morte me permet, le soir venu, de partager *avec* elle *notre* journée. Cela n'a plus rien à voir avec une conception de la fiction comme ce qui permettrait une action fictive, possible ou vraisemblable. Ici, une fiction ordinaire change la vie.

Si nous commencions donc par observer la pratique ? Par nous exercer, à la façon dont les philosophes anciens s'adonnaient à des exercices spirituels ? En mettant à

---

se déplacer dans quelque royaume des morts où l'on se jouerait la comédie de l'éternité », https://la-maison-de-la-poesie.lepodcast.fr/marielle-mace-nos-cabanes-numero-4-et-toi-que-fais-tu-de-tes-morts.

l'épreuve nos intuitions, en cultivant d'autres formes d'expérience, pour donner une chance à la relation avec nos morts de prendre et de se développer sans a priori théorique, nous abandonnant à l'expérimentation sans aucune sorte de préjugé, comme lorsque nous jouons à un jeu dont nous acceptons les règles ? Cela suppose de ne pas craindre de se confronter à l'inconnu, d'oser s'exposer à une transformation de la manière de voir et d'être, de s'essayer à une véritable « conversion », c'est-à-dire à l'« exercice vécu[8] ».

Nos dispositifs médiumniques de communication

Pour commencer à nous exercer, notre capacité à produire des fictions nous sera d'un grand soutien. Car en nous déplaçant, les fictions peuvent générer des actions inédites[9]. En l'occurrence, elles rendent possible une autre appartenance de catégorie ou de classe, celle des « morts-vivants ». En mettant en œuvre cette nouvelle catégorisation dans notre système de pensée, nous la rendons effective : voyant les morts comme des vivants nous pouvons négocier avec eux la possibilité d'une relation – ce n'est pas le cas lorsque nous concevons les morts comme appartenant à la classe des inexistants, sinon à passer pour délirants, hallucinés ou illuminés.

---

8. Pierre Hadot, *Exercices spirituels et philosophie antique*, Albin Michel, 2002, p. 12.
9. Dominiq Jenvrey, *Théorie du fictionnaire*, Questions théoriques, 2011.

Voilà donc un jeu auquel la fiction nous permet de nous exercer en parfaite conscience, contrairement au jeu selon lequel les morts appartiendraient à la classe des inexistants – qui à nos yeux n'en est pas un puisqu'il représente la norme[10]. « Voir comme » ne signifie cependant pas « faire comme si ». Dans la pratique du spiritisme, nous voyons le message dicté par un défunt grâce à une table tournante comme réel, non *comme s'il* était réel. Il en va de même pour la fiction. Nombre de nos activités ordinaires reposent sur des pratiques dans lesquelles interviennent des éléments dont la rationalité ou l'existence est indécidable (raconter un rêve prémonitoire, lire un essai sur la vie extra-terrestre, en écrire un sur la préhistoire, prier, promettre, parler avec son chien) ; et cela nous importe peu, car ce qui compte est que ce qu'elles nous font faire est toujours bien réel.

Pour s'exercer à une nouvelle relation avec les morts, il s'agit donc d'inventer des dispositifs capables de susciter des expériences fictionnelles qui n'ont pas de place dans un régime de pensée guidé par la recherche d'une vision du « réel ». Cela nous contraint à changer de régime de pensée, à voir la réalité comme ce que nous construisons à travers la communication. Or, c'est le médium qui est condition de possibilité de toute communication. Il produit les messages qui ne peuvent exister en dehors de

10. Ces réflexions me sont directement inspirées par Watzlawick *et al.*, qui s'inspirent eux-mêmes des remarques de Wittgenstein sur les jeux et l'étude de leurs règles, *Changements, op. cit.*, p. 102-103.

lui[11]. Lorsque par une erreur de manipulation du vieux répondeur téléphonique dont je n'ai pas effacé la bande, la voix de ma grand-mère fait soudainement irruption – « Bonjour, ma jolie… » –, je suis connectée par ce médium à une réalité ambivalente qui me fait entendre aujourd'hui cette voix venue d'entre les morts. Yves Citton évoque, dans *Médiarchie*, ces expériences d'« excommunication » : « Qu'est-ce qu'un médium, sinon un spécimen humain à classer dans la catégorie des médias hantés, c'est-à-dire une entité parvenant à pousser les opérations de communication au-delà de leurs limites actuellement connues ?[12] » Le médium est la condition par laquelle la fiction peut se produire, avoir lieu et opérer une conversion. Le Téléphone du vent, une cabine téléphonique construite dans son jardin par Itaru Sasaki à Ōtsuchi où se rendent les vivants depuis le tsunami de 2011 pour passer des coups de fil à leurs disparus ; le Dadbot de James Vlahos, un programme qui lui permet de converser avec son père décédé ; les pages Facebook de personnes mortes où continuent d'abonder les publications ; des messages enregistrés et sms envoyés jusqu'à ce que le compte téléphonique du mort soit coupé ; les séances de spiritisme tenues à Jersey par Victor Hugo et ses familiers après la mort de sa fille Léopoldine, dont les procès-verbaux composent *Le Livre des Tables* ; observer avec les yeux,

11. Friedrich Kittler, *Gramophone, film, typewriter*, Les presses du réel, 2018.
12. Yves Citton, *Médiarchie*, Seuil, 2017, p. 267.

entendre avec les oreilles d'une morte : autant de dispositifs médiumniques de communication avec les défunts. Passer de l'idée que nous simulons une présence illusoire à celle que nous coconstruisons une fiction commune demande de l'exercice.

J'en ai pour ma part repoussé longtemps la pratique. Accueillir la parole des morts requiert une grande humilité, un abandon de nos harnachements conceptuels autodéfensifs, le courage de se laisser affecter. Mais cela soulève aussi le désir de jouer un nouveau jeu pour mettre de l'ordre dans le chaos des émotions suscitées par des manifestations d'outre-tombe et de leur donner une forme joyeuse. Ma mère m'a rapporté une invocation de son père défunt dans un moment où sa mort lui était intolérable : « Ne pleure plus, je n'ai pas complètement disparu, je suis dans chacune de tes cellules. » Dès l'instant où il lui a signifié comment vivre avec lui, elle a pu se consoler de sa mort. Des quelques objets appartenant à mon grand-père, menuisier, j'espérais que ma grand-mère me réserve son mètre enrouleur qu'il portait toujours dans une poche de son blouson. C'est ce qu'elle a fait. Aujourd'hui, mon grand-père continue, grâce à son mètre, de prendre nos mesures.

Je croyais n'avoir aucune relation avec mes défunts. J'ai réalisé, en observant avec plus d'attention mes comportements, que j'en entretenais pourtant une, anarchique, sur laquelle il était temps de me concentrer. L'heure était donc venue de m'exercer à vivre avec mes morts.

Exerçons-nous : accueillir nos défunts

Allongez-vous dans un lieu calme en vous assurant que rien ne vous dérangera dans la demi-heure suivante. Abandonnez-vous à la relaxation grâce à une musique apaisante et une respiration de plus en plus profonde. On trouve facilement sur la toile des techniques de respiration propres à la méditation, dont on peut s'inspirer pour réaliser cet exercice. Au bout de quelques respirations, des images et sensations afflueront spontanément, laissez-les venir à vous et suivez-les sans les diriger jusqu'au défunt dont vous convoquerez l'image, à moins que celle-ci ne surgisse d'elle-même. Lorsque le défunt apparaît, laissez-le interagir avec vous en orientant le flux des images par petites touches légères, comme on redresse le cap d'un bateau de papier dans le cours d'un ruisseau.

Dans l'un de ces rêves éveillés, Jean-Pierre Cometti, qui fut mon directeur de thèse, m'est apparu sur la bande d'une vieille cassette VHS, me livrant des remarques philosophiques inédites dans un luxuriant jardin dont il arrosait les fleurs, vêtu d'un kimono. C'était au moment où j'ai commencé à écrire ce chapitre. Pourquoi n'avais-je pas eu accès plus tôt à cet enregistrement ? Il y avait un brin d'autodérision dans sa manière de s'adresser à moi, travesti comme un vieux sage. Je le perçois comme une forme de soutien amical qu'il me destine de l'au-delà pour l'écriture de ces pages. Je note dans un calepin le récit de l'enchaînement des images survenues durant cette relaxation, puis je clarifie mentalement l'action que j'engagerai à partir de ce récit. Je veux croire qu'avec le temps et la pratique, je parviendrai progressivement à entretenir une forme de familiarité avec ces présences et que je puiserai dans ces rencontres ponctuelles toute leur puissance d'action.

La forme de ces rêveries semi-guidées est proche des hallucinations hypnagogiques que nous expérimentons au moment de l'endormissement. Les différents états de conscience spontanés liés au sommeil sont depuis longtemps considérés par les chercheurs et les artistes comme propices à la créativité. « Pourquoi n'attendrais-je pas de l'indice du rêve plus que je n'attends d'un degré de conscience chaque jour plus élevé ? Le rêve ne peut-il être appliqué, lui aussi, à la résolution des questions fondamentales de la vie ? » écrivait André Breton dans *Manifestes du surréalisme*. Comme dans une sorte de nekuia, où le rituel sacrificiel apporte nourriture et sang aux défunts en échange de paroles divinatoires, nous pouvons les nourrir d'un influx vital en échange d'un savoir, d'une parole mantique[13] qui nous lie à eux à travers une relation permettant de construire un nouveau récit existentiel auquel ils prendront une part active tout en nous aidant à vivre avec eux.

D'autres moyens de communication sont envisageables parmi les nombreuses techniques de spiritisme. On peut citer notamment la transcommunication hypnotique (TCH), qui s'apparente à l'exercice auquel je m'adonne, à la différence près que celui-ci possède l'avantage d'être praticable sans l'intervention d'un hypnotiseur et de ne requérir rien de plus que

13. La mantique est l'art de la divination.

de se laisser guider par l'imagination. Il ne sera pas nécessaire de chercher à savoir si les présences perçues seront réelles ou imaginaires, mais de voir comment s'y prendre avec les fictions qui les accueillent, leur accorder une confiance suffisante pour enclencher une action avec elles, s'arranger pour que leur caractère mantique prenne effet dans nos vies. Cette effectivité ne relève pas du hasard ou de l'injonction, mais s'inscrit dans l'application avec laquelle nous nous exercerons à lui donner jour. Un tel exercice de fiction mantique se fonde sur l'affinement de la réception de quelque chose dont on ne maîtrise pas les ressorts, mais auquel on désire participer activement en l'expérimentant.

Comment faire communauté

> Lorsque les conséquences d'une activité conjointe sont jugées bonnes par toutes les personnes singulières qui y prennent part, et lorsque la réalisation du bien est telle qu'elle provoque un désir et un effort énergiques pour le conserver uniquement parce qu'il s'agit d'un bien partagé par tous, alors il y a une communauté.
>
> John Dewey, *Le Public et ses problèmes*, traduction de Joëlle Zask.

Une communauté – un « public », au sens que John Dewey donne à ce terme[1] – prend corps lorsqu'elle se constitue comme une réalité objective où les individus sont devenus

1. John Dewey, *Le Public et ses problèmes*, Gallimard, 2005.

conscients de ce qui les affecte en commun. Un problème devient public lorsqu'il n'intéresse plus seulement des groupes de personnes directement concernées, mais s'étend à d'autres groupes qui le reconnaissent comme leur. Le mouvement #MeToo est une manifestation exemplaire de ce phénomène. Cette prise de conscience d'un intérêt partagé transforme la nature des interactions. Mais comment percevoir ce qui nous affecte en commun ? Pour John Dewey, cela passe par l'enquête. Or, il est des pratiques fictionnelles qui favorisent ce genre d'enquête. Elles nous exercent à faire communauté en cherchant à plusieurs des manières de partager des problèmes communs.

Le jeu de rôle sur table en est un exemple. Mon frère le pratique régulièrement avec ses amis, et ce depuis le lycée. Avec le temps, les charges professionnelles, puis familiales, la Covid, le jeu compte plus de PNJ (personnages non joueurs) que de PJ (personnages joueurs). Mais ils ont l'espoir de se retrouver plus nombreux dans quelques années, quand les enfants seront plus grands. Cette part mystérieuse de sa vie m'a toujours fascinée, plus encore à mesure que j'approfondissais mes études sur la fiction. Il en parlait peu, sans doute parce que ces jeux sont complexes et difficiles à comprendre pour ceux qui y sont étrangers, peut-être aussi parce que, souvent, on ne leur accorde guère de sérieux. Quand je l'ai finalement invité à me décrire sa façon de le vivre, les échos que le jeu trouvait dans sa vie quotidienne, j'ai découvert une sorte de laboratoire des relations sociales à l'échelle 1 : 1.

Une communauté fictionnelle interactive

Le jeu de rôle est un jeu de coopération narrative où l'ensemble des joueurs utilisent leur imagination pour créer une histoire interactive commune en vue de résoudre des situations problématiques. Le sociologue Olivier Caïra décrit ainsi le jeu de rôle sur table : « Les “rôlistes” sont autour d'une table. Un meneur de jeu (MJ) qui cache ses notes derrière un paravent de carton, et un à dix joueurs. Pas de plateau de jeu, pas d'électronique, pas non plus d'armures ni d'épées, juste des dés, du papier et des crayons, du soda, des biscuits, et cette phrase rituelle : “Que faites-vous ?[2]” » Dans un jeu de rôle, chacun se construit son propre univers de jeu à partir de la description qu'en fait le MJ et en imagine les détails à sa manière, comme lorsqu'on lit un roman. Étonnamment, les joueurs parviennent malgré tout à constituer un univers commun dans lequel ils se déplacent et interagissent. C'est le MJ qui guide les joueurs dans leurs actions. Il est le seul à ne pas endosser le rôle d'un personnage. À chaque moment décisif, la question récurrente « Que faites-vous ? » invite les PJ à une action concertée. La réussite ou l'échec est généralement celle du groupe, car les personnages sont souvent interdépendants. Ils agissent dans l'univers du jeu selon les règles fixées au préalable par le MJ, mais il leur arrive d'y déroger si elles nuisent à l'avancement de l'action ou

2. Olivier Caïra, *Jeux de rôle. Les forges de la fiction*, CNRS Éditions, 2007, p. 6.

sont incohérentes pour l'univers en cours de construction. Le but est que chaque joueur parvienne à résoudre le plus grand nombre de problèmes en avançant des hypothèses dont il développe les conséquences dans un récit oral. Mais c'est le dé qui déterminera la réussite ou l'échec du joueur à accomplir une action. Il y a donc aussi une part de hasard.

Dans le jeu de rôle, le *roleplay* (RP) – l'interprétation du rôle dans l'interaction avec les autres personnages – est la part la plus importante. Il s'agit pour un joueur d'entrer dans la logique de comportement de son personnage et d'opérer des choix selon cette logique. C'est ainsi à l'interaction sociale que le jeu de rôle entraîne, à travers l'adoption de comportements autres que ceux que nous aurions peut-être eus dans des situations similaires – car les relations expérimentées dans le jeu se produisent aussi dans la vie. Une telle pratique est une forme de double exercice d'empathie, à la fois vis-à-vis de son propre personnage et de ceux des autres joueurs. Dans le jeu, un joueur est tenu de prendre en considération l'opinion des autres, leurs compétences, leurs actions et de trouver dans l'interaction verbale des solutions qui satisfassent tout le groupe.

Si, comme on le dit souvent pour certains loisirs, la pratique du jeu de rôle permet de « se déconnecter de la réalité », l'interaction des joueurs autour de la table pour coordonner les actions de leurs personnages dans l'univers qu'ils construisent au fil de leur enquête démontre que le jeu ne les isole pas du monde extérieur à seule fin de satisfaire des désirs inassouvis. Loin de se distinguer du monde socialisé dans lequel ils évoluent au quotidien, le jeu les engage au contraire dans des formes de coopération sociale, à commencer par la planification collective de leurs actions, qui s'élabore à travers le partage d'hypothèses stratégiques. Le jeu est un espace démocratique qui invite à la négociation et la recherche de consensus pour agir ensemble malgré des approches différentes du bien commun. Comme souvent dans les récits initiatiques, les PJ sont lancés dans une quête et une série d'actions, mais contrairement aux personnages de récits fictionnels dont on contemple l'action de façon rétrospective et passive, le scénario du jeu de rôle laisse le champ libre à l'improvisation et à l'agentivité de ceux qui y prennent part. Si nous envisageons le plus fréquemment les fictions comme quelque chose relevant de la contemplation, c'est parce que nous ne prenons traditionnellement en considération que les produits finis, dont la quête est achevée. Or nos usages ordinaires de la fiction procèdent de l'action plus souvent qu'on ne le croit.

À première vue, la position des PJ dans le scénario du jeu de rôle s'apparente beaucoup plus à celle dans laquelle nous nous trouvons dans la vie ordinaire quand nous devons interagir au sein d'un groupe qu'à celle d'un personnage de fiction dont nous contemplons les actions sans pouvoir en modifier le cours. Pourtant, le jeu de rôle rend simplement évident un processus qui est aussi à l'œuvre dans la lecture ou la spectature[3] : l'articulation

3. J'emprunte ce terme à Martin Lefebvre, *Psycho. De la figure au musée imaginaire. Théorie et pratique de l'acte de spectature*, L'Harmattan, 1998.

de la situation fictionnelle du personnage à une situation réelle ou imaginaire dans laquelle le lecteur ou le spectateur agit et interagit. À tout moment, le lecteur ou le spectateur peut mentalement faire bifurquer l'action et envisager d'autres options ; à tout moment, la fiction peut être activée par le lecteur ou le spectateur si elle s'articule à ses pensées, ses projets, son action isolée ou commune. Dans la lecture ou le spectacle de fictions, l'agentivité du personnage est simplement différée.

Passer d'un cadre de communication à un autre

Vous pourriez cependant penser qu'on ne passe pas de la fiction à la vie comme on change de vêtements. Eh bien, pourquoi pas ? Certains vêtements ne répondent pas aux mêmes logiques d'usage que d'autres : ceux que je mettrai pour jardiner dans mon potager partagé ne me distingueront socialement pas de mon voisin de parcelle ; il en irait peut-être autrement si nous devions nous rendre dans une soirée VIP. Nous passons d'un cadre de communication à un autre. Il en va de même dans le jeu et la fiction, à ceci près que, comme l'a mis en évidence l'anthropologue et psychologue Gregory Bateson, le cadre qu'ils déterminent est paradoxal. Le paradoxe du jeu tient en ceci que lorsque deux enfants jouent par exemple à la lutte, leur action à la fois dénote et ne dénote pas un combat. Ils pourraient dire : « "Ces actions auxquelles nous nous livrons maintenant ne dénotent pas la même chose que dénoteraient les actions qu'elles dénotent." Le mordillage ludique dénote la morsure sans pour autant dénoter ce que dénoterait une morsure[4]. » Ainsi, le cadre du jeu définit et transforme l'action tout à la fois. C'est ce qui fait du jeu et de la fiction de fantastiques outils du changement. Comment ? C'est, selon Bateson, grâce à une capacité métacommunicative, qu'il observe également chez les animaux, que nous pouvons définir le cadre logique de nos actions et passer d'un espace discursif, celui de la conversation entre amis, par exemple, à celui du jeu de rôle et, même, les faire coexister, ce que le terme *personnage-joueur* résume parfaitement[5]. Bateson distingue entre un processus primaire selon lequel, lorsque nous rêvons, rien ne nous permet de distinguer le rêve de la veille et un processus secondaire, dans lequel, lorsque je suis éveillé, je peux les distinguer. Bateson considère que le jeu « marque une étape en avant dans l'évolution de la communication : une étape cruciale pour la découverte des relations entre la carte et le territoire. Dans le processus primaire, carte et territoire sont assimilés l'un à l'autre, dans le processus secondaire, ils peuvent être distingués. Et, enfin, dans le jeu, ils sont à la fois assimilés et distingués[6] ». Le fait qu'il en soit ainsi dans le jeu permet une combinaison de messages interactifs de types logiques différents : nous pouvons expérimenter à l'intérieur de ce cadre un combat qui n'en est pas un ou un fantasme qui contient une vérité, entrer dans

4. Gregory Bateson, « Une théorie du jeu et du fantasme », *Vers une écologie de l'esprit*, vol. I, Seuil, 1977, p. 250.
5. Olivier Caïra, *op. cit.*, p. 193.
6. Gregory Bateson, *op. cit.*, p. 256.

une logique de comportement propre à un personnage et opérer des choix distincts de ceux que nous aurions faits, et, en interprétant ces parties, déplacer le sens de ce qu'elles représentent et modifier les règles du jeu. Le cadrage transforme les éléments cadrés.

Nos fictions ordinaires jouent ce rôle : elles sont un moyen de relancer sans cesse les dés, d'introduire de l'incertitude et du jeu dans nos vies. Le jeu de rôle est pour cela un espace d'exercice privilégié en ce qu'il offre la particularité d'une confrontation directe avec d'autres PJ, eux-mêmes impliqués dans ce cadre paradoxal. Ils sont pris dans la nécessité de combiner plusieurs processus primaires et secondaires, de jouer selon les règles et de sortir simultanément du jeu pour en discuter et les modifier en cours de route afin de construire une fiction partagée en vue de l'obtention d'un bien commun. Le jeu de rôle nous procure un modèle de compréhension de la façon dont les éléments fictionnels s'agencent dans nos vies. Lorsque nous nous comportons dans la vie comme un personnage de jeu de rôle ou de film, ou encore lorsque nous nous adonnons à des pratiques sorcellaires, notre attitude n'est généralement ni celle d'une adhésion sans distance comme dans le rêve, ni celle d'un jeu de faire semblant comme dans la simulation[7] ; nous sommes des PJ capables d'assimiler et de distinguer tout à la fois différents cadres de jeu.

---

7. L'enseignement de Grégory Bateson me paraît beaucoup plus intéressant que celui de Kendall Walton pour comprendre le fonctionnement pragmatique des fictions. Bien qu'ils aient été contemporains l'un de l'autre, Bateson étant son aîné d'une bonne trentaine d'années, Kendall

Expérimenter d'autres formes de communauté

On voit à l'œuvre les effets de jeux de rôle sur la vie chez Marivaux. Dans l'une de ses pièces parmi les plus célèbres, *Le Jeu de l'amour et du hasard*, les protagonistes échangent sans que l'autre partie le sache leurs rôles de maîtresse et de servante, de maître et de valet. Les situations qu'ils rencontrent alors mettent leur capacité à endosser leur rôle à rude épreuve. Leur habitus transparaît en effet dans chacun de leurs gestes et de leurs propos. Dans l'extrait suivant, Silvia – qui a pris le rôle de sa servante Lisette pour mieux observer de loin celui qui est censé être son prétendant, mais n'est autre en réalité que le valet de celui-ci – s'étonne des manières de celui qu'elle croit être un gentilhomme :

> Silvia.
>
> Je vous trouve admirable de ne pas le renvoyer tout d'un coup et de me faire essuyer les brutalités de cet animal-là.
>
> Lisette.
>
> Pardi ! madame, je ne puis pas jouer deux rôles à la fois ; il faut que je paraisse ou la maîtresse ou la suivante, que j'obéisse ou que j'ordonne.

Walton ne le cite à aucun endroit de son célèbre *Mimesis as make believe* (Harvard University Press, 1990).

Silvia.

Fort bien ; mais puisqu'il n'y est plus, écoutez-moi comme votre maîtresse. Vous voyez bien que cet homme-là ne me convient point.

Lisette.

Vous n'avez pas eu le temps de l'examiner beaucoup.

Silvia.

Êtes-vous folle avec votre examen ? Est-il nécessaire de le voir deux fois pour juger du peu de convenance ? En un mot je n'en veux point.

À la fin de la pièce, bien qu'ayant découvert qui se cache sous les habits du valet, Silvia attendra que Dorante la demande en mariage pour lui révéler son rang et sa position. Le jeu de rôle permet ainsi à celui-ci de vivre l'expérience de franchir par amour les barrières de classe. Les codes de bienséance de son temps empêchant Marivaux de faire de ses personnages des transfuges de classe, le final rendra à chacun sa position sociale et mariera entre elles les personnes de même rang. Mais en renversant l'ordre établi, le jeu aura permis d'expérimenter d'autres manières de faire communauté. Il aura ainsi donné à ses participants les moyens d'éprouver les « conséquences d'une activité conjointe » et, pour paraphraser John Dewey, d'en évaluer ensemble, par l'enquête, la valeur pour chacun de ceux qui y prennent part. Dans la pièce de Marivaux, l'enquête passe par l'observation des comportements amoureux d'un gentilhomme et d'un valet contraints de s'adapter à un changement de milieu social, et par l'expérimentation de ces rôles. Un jeu de rôle sur table autoriserait la discussion entre joueurs sur l'adéquation des comportements des PJ à la situation dans laquelle ils sont pris, prenant ainsi en charge le problème qui « les affecte en commun ».

En 2017, l'association Quartier rouge[8] de Felletin a proposé de travailler sur le retour du loup en Limousin dans le cadre d'un projet artistique de médiation environnementale avec l'artiste Boris Nordmann. Ce projet est né d'« une question commune et partagée[9] », issue de discussions et de rencontres entre des éleveurs, des naturalistes, des habitants et l'artiste invité. Cet artiste-chercheur en dialogue interespèces a imaginé une fiction participative au sein d'un jeu de rôle où les différents partipants sont placés dans des situations fictionnelles qui mettent en scène des brebis, un enclos, un patou et des loups. Ils sont alors amenés à se mettre dans la peau de chacun des acteurs de la situation, y compris des animaux. Il s'agit ce faisant, dit l'artiste, d'« inviter chacun à composer sa

8. Quartier Rouge est une structure de médiation qui porte une réflexion sur la place de l'art dans l'espace public et développe en lien avec des artistes et des collectivités des projets spécifiques qu'elle accompagne, http://www.quartierrouge.org.
9. Pomme Boucher, Boris Nordmann et Stéphane Grasser « Comment se préparer à l'éventuel retour du loup sur la Montagne limousine ? », *IPNS*, n° 62, 2018, https://www.journal-ipns.org/les-articles/784-comment-se-preparer-a-l-eventuel-retour-du-loup-sur-la-montagne-limousine.

méthode pour se faire diplomate, et négocier avec les loups qu'il rencontre[10] ». Ces ateliers de pratique somatique, qui visent à sensibiliser les participants à une prise de conscience de certaines problématiques par le biais de fictions corporelles, ont consisté à les placer dans un état qui permette d'autres formes d'expériences partagées et de concertation en vue de développer une culture commune et de dépasser le clivage « pour ou contre » la présence des loups[11]. Une telle expérience montre comment un jeu de rôle peut constituer une communauté, voire transformer un problème commun en un problème public, en donnant aux différents acteurs concernés la possibilité de se rencontrer de façon inhabituelle dans un même espace de jeu.

10. *Ibid.* Voir également Baptiste Morizot, *Les Diplomates. Cohabiter avec les loups sur une autre carte du vivant*, Wildproject, 2016.

11. Valérie Pihet analyse cette expérience, à laquelle elle a été invitée en tant que sociologue, dans la journée d'études « Évaluer l'art. Commissions, subventionnements, mécénats », le 14 février 2020 au Centre Pompidou, https://evalge.hypotheses.org/3171.

Exerçons-nous : faire communauté en cultivant son jardin

Le jardin communautaire est un terrain d'exercice de la vie sociale expérimentale, selon la philosophe Joëlle Zask[12]. « Toute proportion gardée, la parcelle est au jardin entier ce que l'individu est au groupe : [...] comme la parcelle dont les plantes peuvent aussi bien empoisonner qu'accompagner les autres, chaque individu joue un rôle – bon ou mauvais – et détermine son action future en fonction des effets de son influence[13]. » Dans ce lieu de partage, il est possible de « mener une action commune issue d'une combinaison entre des actions individualisées et convergentes[14] ». C'est aussi ce que permet la pratique fictionnelle du jeu de rôle. Si nous nous exercions à faire communauté en nous lançant dans l'aventure d'un jardin partagé ? Pour ce faire, je vous propose un jeu de rôle sur table, praticable par des débutants. Il s'adresse à trois PJ, dont les compétences et la biographie sont déjà définies. Afin que vous puissiez avoir une vue d'ensemble du déroulement du scénario, j'ai laissé apparaître certaines indications normalement réservées au MJ, telles que des clés de l'aventure permises par les jets de dé à multiples faces (D20)[15].

12. Joëlle Zask, *La Démocratie aux champs*, La Découverte, 2016, p. 96.

13. *Ibid.*, p. 97.

14. *Ibid.*, p. 98.

15. Dans le jeu de rôle, le hasard est introduit par le jet de dés, qui permet de déterminer si l'action d'un joueur réussit ou échoue devant une difficulté.

« TON POTIRON ET MES RADIS SUR UN TOIT BRÛLANT »

Aventure pour trois personnages de niveau 1

Le contexte

Vous habitez une métropole dans un immeuble en copropriété. Vous décidez, avec quelques voisins, de vous lancer dans l'agriculture urbaine et de construire un jardin partagé sur le toit de l'immeuble. Certains habitants ne le voient pas d'un très bon œil. Or, pour que le projet soit adopté, le règlement de copropriété requiert un vote à la majorité absolue. Vous formez un trio avec deux autres PJ qui partagent votre quête.

Le degré de difficulté est déterminé par les règles et par une évaluation de la situation par le MJ. Une fois celui-ci établi – imaginons un degré de difficulté de niveau 13 –, on applique la procédure suivante :

1. Le joueur établit tous les modificateurs qui s'appliquent à son test, par rapport aux aptitudes de son personnage. Par exemple, pour un jet d'investigation, si votre PJ possède 10 points en Perspicacité (caractéristique) et 3 points en Investigation (compétence), ces deux chiffres s'ajoutent et il obtient 13 points. Avec un tel chiffre, il ne devrait pas avoir à jeter les dés. Mais le MJ peut le lui imposer, en fonction des circonstances extérieures.
2. Le MJ détermine tous les modificateurs de circonstances extérieures qui peuvent affecter l'action et qui ne sont pas déjà pris en compte par le degré de difficulté.
3. Le joueur lance un D20 et ajoute tous les modificateurs (bonus et/ou malus) afin d'obtenir un résultat. Si ce résultat est supérieur ou égal au degré de difficulté, l'action réussit. Sinon, l'action échoue.

L'enquête

Vous êtes les trois habitants de l'immeuble les plus fraîchement arrivés. Vous connaissez encore peu les autres, mais vous partagez un désir et un problème communs : vous devez convaincre les récalcitrants et vous accorder avec eux sur l'organisation du jardin. La terrasse de l'Ogre du 5e occupe la moitié du toit en partie privative. L'autorisation d'utiliser un barbecue lui avait été accordée il y a dix ans. Depuis, il organise tout l'été des barbeuc parties derrière ses rangées de canisses, d'où ne s'échappent pas que des senteurs de thym grillé. Inutile de dire qu'il est un opposant farouche au jardin partagé. Il est soutenu par la Sorcière du 2e, voyante renommée, femme possessive et bavarde, qui partage avec lui ses soirées quand son ado est chez son père. Il doit le privilège de la terrasse à l'Ermite du 1er, homme taciturne et dépressif, qui lui a cédé sa part de toit après la disparition inexpliquée de sa femme. Les Sœurs siamoises retraitées du 4e étage vivent dans une discrétion absolue et ne participent à aucune assemblée. Les voisins de palier de l'Ogre, un jeune couple avec enfants en bas âge, les Martin, sont complètement partants et vous assurent de leur indéfectible soutien entre deux étages, bébé porté en écharpe, un paquet de couches sous l'aisselle, des sacs de courses dans chaque main. L'idée de préparer la bouillie des loulous avec les carottes du jardin, ça leur plaît. Mais il reste cinq personnes à convaincre, ce n'est pas gagné...

Les personnages des joueurs

Après que le MJ a présenté succinctement le contexte dans lequel les aventures se déroulent, les joueurs plus expérimentés construisent leur propre personnage avec son soutien. Les joueurs débutants peuvent utiliser les fiches de personnage suivantes :

PJ n°1 : Maya, trentenaire écoféministe,
locataire de l'appartement de droite du 3e.

Fille d'un père ouvrier et d'une mère enseignante divorcés, elle a grandi chez sa mère au sein d'une famille recomposée. Son père, fervent syndicaliste, l'a formée toute son enfance à la lutte sociale. À 18 ans, son bac et une bourse en poche, elle part pour la capitale, travaille le jour, étudie la nuit, manifeste quand il le faut, donc souvent. À 25 ans, elle devient médiatrice en milieu scolaire. Après avoir expérimenté tous types de relations, elle revendique désormais l'adelphité dans le sexe et l'amitié. Elle vient de passer quelques mois dans une coopérative agricole autogérée dans les Alpes, où elle a appris à jardiner bio, filer la laine, cuisiner pour 80 personnes.

Caractéristiques : *Apparence* : 19 ; *Chance* : 15 ; *Charisme* : 13 ; *Dextérité* : 17 ; *Idée* : 17 ; *Perspicacité* : 18 ; *Force* : 10. *Points de vie* : 13.

Compétences : *Aplomb* : 5 ; *Culture générale* : 5 ; *Discrétion* : 2 ; *Intrusion* : 6 ; *Leadership* : 5 ; *Solidarité* : 5 ; *Perception* : 7 ; *Séduction* : 8.

Combat : *Aiguilles à tricoter* : 3 ; *Bâton* : 2 ; *Binette* : 3 ; *Lutte* : 2.

PJ n°2 : Kelian, ingénieur, geek, fumeur, cycliste, locataire de l'appartement de gauche du 2e.

Aîné d'une fratrie de 4 enfants, il a grandi dans une cité. Très tôt livré à lui-même, il connaît l'argent facile. Ses parents ferment les yeux, car la famille a besoin de cet argent. À l'école, il a toujours eu des facilités, surtout en mathématiques. Il était fier de rapporter de bons résultats à sa mère. Après avoir frôlé la prison, il a décidé de retourner dans le droit chemin. Il a repris ses études, puis est entré dans une école d'ingénieur. Aujourd'hui, il est développeur système pour une institution publique. Il mène une vie paisible, fait pousser son herbe sous des lampes halogènes, circule à vélo, est un fan de Philip K. Dick et de Voltaire. Depuis la dernière pandémie, il rêve de nature et pense à changer de métier. L'idée de cultiver son jardin est pour lui une philosophie de vie.

Caractéristiques : *Apparence* : 15 ; *Chance* : 12 ; *Charisme* : 10 ; *Dextérité* : 17 ; *Idée* : 16 ; *Perspicacité* : 16 ; *Force* : 19. *Points de vie* : 13.

Compétences : *Art du combat* : 5 ; *Athlétisme* : 5 ; *Bagout* : 5 ; *Discrétion* : 5 ; *Intimidation* : 5 ; *Investigation* : 6 ; *Résilience* : 5 ; *Solidarité* : 5.

Combat : *Arme blanche* : 6 ; *Câble usb* : 3 ; *Pugilat* : 5.

PJ n°3 : Rose, bibliothécaire à la retraite, ex-soixante-huitarde, féministe militante, propriétaire de l'appartement de gauche du 3e.

Elle a élevé seule sa fille, morte à l'âge de 26 ans des suites de la maladie de Charcot. Puis elle a vécu dix ans au Mali où elle a participé à la création d'un réseau de fermes agroécologiques en vue d'autonomiser les femmes. Elle est rentrée en France après avoir retrouvé un amour de jeunesse qui l'a plaquée deux ans plus tard pour une jeune adepte du body art. Elle s'est alors jetée à corps perdu dans l'animation d'ateliers de lecture pour enfants, où elle est devenue une conteuse hors pair. Également lanceuse de cauris, elle a appris cet art divinatoire auprès d'une magicienne malienne.

Caractéristiques : *Apparence* : 15 ; *Chance* : 15 ; *Charisme* : 16 ; *Dextérité* : 9 ; *Idée* : 18 ; *Perspicacité* : 18 ; *Force* : 19. *Points de vie* : 14.

Compétences : *Communication* : 5 ; *Culture générale* : 7 ; *Divination* : 6 ; *Sucreries* : 5 ; *Résilience* : 6 ; *Ruse* : 4 ; *Sagacité* : 6 ; *Transmission* : 5.

Combat : *Machette* : 3 ; *Conte* : 5.

L'immeuble des Bons-Enfants

Ce bâtiment, baptisé par les anciens copropriétaires l'« immeuble des Bons-Enfants », se situe dans le XXᵉ arrondissement de Paris. Il est composé de 5 étages, 10 appartements de surface égale dont deux sont vides (1ᵉʳ et 4ᵉ étages), d'un garage au rez-de-chaussée, d'un toit-terrasse, de 4 caves au sous-sol appartenant à l'Ogre, l'Ermite, les Sœurs siamoises et Rose, d'un petit hall d'entrée, d'un escalier central et d'un ascenseur.

Les caves : celle de Rose est déjà remplie de graines et d'outils de jardin entreposés par les trois amis, dont ils pourront se munir (jet d'Intimidation) si la situation venait à se corser. Celle de l'Ermite est condamnée, mais les personnages peuvent découvrir (jet de Force) qu'il y a remisé les affaires de sa femme et (jet de Perception) une boîte à chaussures remplie de lettres. Celle des Sœurs siamoises est a priori vide, mais un jet d'Investigation permet de s'apercevoir qu'elle est munie d'une trappe qui donne directement sur le garage. Celle de l'Ogre est un bric-à-brac d'objets les plus insolites, dont un masque à gaz, une motoneige, un matelas à eau et une gégène qui pourrait être utile aux personnages quand l'Ogre cherchera de façon musclée à s'opposer au projet de potager (jet de Charisme).

Le garage : est plein de recoins dans l'un desquels est abandonnée une corde usagée (jet de Perspicacité).

Le hall d'entrée : la sonnette de Maya ne fonctionne pas.

L'ascenseur : s'arrête au 3e étage, mais descend jusqu'au sous-sol. Le 4e étage et le toit ne sont accessibles que par l'escalier.

Les 2e, 4e et 5e étages : impossible de s'y arrêter sans être épié par la Sorcière, repéré par les aboiements du Pinscher des Sœurs siamoises ou dérangé par les enfants Martin. Un jet de Sucreries peut apaiser les tensions.

Les 1er et 4e étages : un jet de Perception permet de découvrir un passage secret de l'appartement de l'Ermite vers l'appartement vide voisin. Un jet de Dextérité permet d'ouvrir l'appartement vide qui jouxte celui des Sœurs siamoises.

Le toit-terrasse : on peut obtenir l'ouverture de la partie privative par l'Ogre avec un jet de Séduction ou de Force. Plusieurs jets de Séduction et de Charisme seront nécessaires pour obtenir une invitation à la barbeuc partie de l'Ogre et convaincre les Sœurs siamoises et l'Ermite d'y participer.

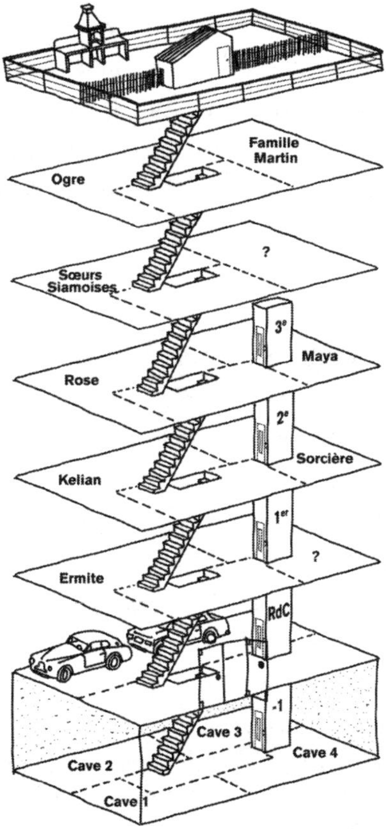
Famille
Martin
Ogre
?
Sœurs
Siamoises
3e
Maya
Rose
2e
Sorcière
Kelian
1er
?
Ermite
RdC
-1
Cave 3
Cave 4
Cave 2
Cave 1

Amorce du jeu

Le MJ : Après la dernière assemblée, Maya trouve un message glissé sous sa porte : « Je connais un moyen de convaincre la Sorcière du 2e. Pour des raisons personnelles, je ne peux pas intercéder pour vous. Si vous acceptez de suivre mon plan, vous obtiendrez son adhésion et, avec elle, celle des autres habitants. Rendez-vous chez moi demain à 18 heures. » Signé l'Ermite du 1er. Que faites-vous ?

Quelques réponses possibles

Maya : Je suis intriguée. J'interprète favorablement ce message et je me rends au rendez-vous avec espoir et enthousiasme.

Rose : Cet Ermite m'a tout l'air d'un vieux roublard. J'ai bien l'intention de le cuisiner pour le percer à jour.

Kelian : Je me méfie, l'Ermite ne m'inspire pas confiance. Je suis prêt à me rendre au rendez-vous, mais j'utilise auparavant mes compétences de hacker pour explorer son passé.

Le MJ : Ok, fais-moi un test d'Investigation sous une difficulté de 23.

Kelian (lance un D20) : 12. Avec mon 6 de compétences en Investigation, ça fait 18. Mince !

Le MJ : Dommage… Tu as beau chercher, tu ne trouves rien de très intéressant. L'Ermite n'a jamais fréquenté le moindre réseau social. Son nom n'apparaît nulle part, excepté dans les fichiers du centre hospitalier de la ville, où tu découvres son dossier médical après un passage aux urgences dix ans plus tôt, qui indique une jambe et un coude fracturés à la suite d'une chute dans des escaliers et quinze jours d'ITT. Que fais-tu ?

(…)

À vous de poursuivre l'aventure jusqu'au grand festin de légumes de votre jardin partagé !

Principales conclusions possibles

- L'Ermite, connaissant le caractère possessif de la Sorcière et le faible de l'Ogre pour la gent féminine, suggère aux personnages de piquer la jalousie de la Sorcière pour la rallier à la cause des pro-jardin partagé et l'amener à faire céder l'Ogre par le chantage affectif. L'Ermite, de son côté, rêve de se délivrer de l'emprise de l'Ogre et de pouvoir remonter sur le toit passer des heures à fixer le ciel et, pourquoi pas, cultiver sa parcelle. Les Sœurs siamoises, témoins malgré elles des affaires de l'Ogre, se sont d'elles-mêmes tenues à l'écart, mais une fois apprivoisées, seront ravies de voir l'Ogre occuper moins d'espace et d'égayer leurs ternes journées en participant à une activité commune. Le groupe parvient finalement à s'accorder sur un partage équitable des parcelles et à convaincre l'Ogre de la branchitude des grillades de légumes bio.

- À force de chantage, de manipulation et de combat, les personnages arrivent à obtenir une partie du toit, mais doivent cohabiter avec l'Ogre et ses soirées débridées dont les invités saccagent régulièrement les plants des parcelles voisines. À moins que le saccage ne provienne d'autres voisins malveillants...

- Malgré tous leurs efforts, les personnages échouent à convaincre leurs voisins et doivent se rabattre sur l'association de quartier qui investit un bout du jardin public, ce qui est peut-être finalement plus ouvert en termes de communauté.

Comment réussir sa vie professionnelle et sa vie privée

> Si tu as l'impression de travailler quand tu me dis que tu m'aimes, il y a peut-être quelque chose à revoir entre nous.
>
> Sandy Amerio, *Storytelling.*
> *Index sensible pour Agora non représentative.*

Parvenu jusqu'ici, peut-être avez-vous rencontré le grand amour, vous êtes-vous fait des amis, avez neutralisé vos ennemis, donné place dans vos vies à vos morts, pris part à un ou plusieurs collectifs. Comment, à présent, faire perdurer tout cela malgré la pression et les aléas d'un ordinaire toujours plus menacé et incertain ? Peut-être avec ce par quoi valent nos vies : travail et amour. Freud ne disait-il pas qu'« être normal, c'est aimer et travailler » ?

Or, dans un contexte néolibéral de productivisme écocidaire où se multiplient les *bullshit jobs*, selon l'expression devenue tristement fameuse de l'anthropologue David Graeber[1], et les pandémies, la place que nous accordons au travail dans nos vies a largement été remise en cause. Quant à l'amour, il serait devenu aussi fugace que la durée des contrats de travail et aussi virtuel que son offre pléthorique sur les réseaux sociaux. Alors qu'émerge depuis une dizaine d'années dans le débat public la question de la perte de sens du travail et de la fragilité des relations amoureuses, on voit parallèlement fleurir sur le marché le coaching professionnel, puis, très vite derrière lui, le coaching amoureux, teintés plus récemment d'une pointe de magie[2]. Le vocabulaire glisse d'un domaine à l'autre, on parle d'« entrepreneuriat mystique », de « management spirituel », de « gérer » les difficultés amoureuses, de « business intuitif », de « propulser » sa relation et beaucoup d'« alignement ».

1. Le succès mondial de l'ouvrage de David Graeber, *Bullshit jobs* (Les liens qui libèrent, 2018), a révélé le peu de valeur qu'accordent à leurs emplois de nombreux salariés, sentiment aggravé par la crise de la Covid-19 (Thomas Coutrot et Coralie Perez, « Quand le travail perd son sens », document d'études de la Dares, n° 249, 2021 ; Pauline de Becdelièvre et François Grima, « La Covid-19, un choc de carrière restructurant le sens du travail », *Revue française de gestion*, vol. 8, n° 293, 2020).

2. Preuve en est, par exemple, la sortie d'un ouvrage comme *Ensorcelez votre business* (De Vinci, 2021), écrit par la coach holistique et *business witch* Laurie Audibert. Sur les dangers d'une « industrie du bonheur », voir Edgar Cabanas et Eva Illouz, *Happycratie. Comment l'industrie du bonheur a pris le contrôle de nos vies*, Premier Parallèle, 2018.

Aligner travail et vie privée

Que signifie être aligné ? Être rangé sur une même ligne, disposé selon un certain ordre, se conformer à une autorité. La définition a des résonances militaires que l'on retrouve également au cœur du vocabulaire entrepreneurial dans le terme d'« alignement stratégique ». Le but de l'alignement stratégique est de redéfinir la notion de performance organisationnelle, informationnelle et productive au sein de la culture d'entreprise en orientant toutes ses composantes vers une vision commune[3]. Être aligné, dans le vocabulaire du développement personnel, signifie également avoir rejoint un accord entre ses valeurs, ses pensées et ses actions[4]. L'alignement serait

3. Sur les liens entre l'apparition des discours sur le développement personnel et la transformation des modèles managériaux depuis les années 1970 et la façon dont ces discours se sont implantés dans le monde du travail, voir Valérie Brunel, *Les Managers de l'âme. Le développement personnel en entreprise, nouvelle pratique de pouvoir ?*, La Découverte, 2008.

4. Le terme d'alignement est issu des travaux de Robert Dilts, qui a contribué au développement de la programmation neuro-linguisitique en s'inspirant notamment de la théorie des types logiques et de l'apprentissage de Gregory Bateson. Il déduit de la théorie des niveaux d'apprentissage de Bateson (*Cf Vers une écologie de l'esprit*, vol. I, *op. cit.*, p. 299-331) ce qu'il nomme le « Modèle des niveaux logiques » représenté sous forme pyramidale et autrement nommé la « Pyramide de Dilts ». Cette pyramide comprend cinq niveaux (Environnement, Comportement, Capacités, Croyances et Valeurs, Identité) correspondant aux cinq questions fondamentales du *Problem Solving* (où, quand, quoi, comment, pourquoi, qui). Tout changement provoqué par un apprentissage agit sur le niveau inférieur tout en l'intégrant et implique un changement dans le niveau supérieur. Parvenir à l'identité suppose un alignement de tous les niveaux. Il existe un sixième

donc le secret de la réussite personnelle et professionnelle, un outil stratégique de performance individuelle et collective. Il passe, pour l'individu, par l'équilibre et la cohérence au quotidien qui consistent à faire coïncider sa vie amoureuse, ses loisirs, son travail et ses relations avec ses valeurs et son identité propres. Terrifiant programme, qui rappelle la patience obsessionnelle avec laquelle, étant enfants, nous tentions vainement d'aligner des billes sur un terrain cahoteux. On peut y voir la conséquence d'une assimilation du capital à la compétence, qui fait que dans nos sociétés néolibérales s'instaure une nouvelle logique de gouvernementalité où, selon le philosophe Michel Foucault, « le travailleur [...] apparaît comme étant pour lui-même une sorte d'entreprise[5] ». Un télescopage s'effectue entre les déterminations économiques et psychologiques qui se rejoignent dans les notions de performance et de potentiel individuel. Ce potentiel, dont l'exaltation « permet de mobiliser l'énergie psychique requise par le fonctionnement social dominant, dans l'entreprise en

---

niveau, le niveau spirituel, qui correspond selon Dilts à ce que Bateson considérait comme celui qui connecte toutes choses en un tout plus grand, une « conscience collective », dont l'esprit individuel n'est qu'un sous-ensemble et qui est « immanent à l'ensemble interconnecté formé par le système social interconnecté et l'écologie planétaire » (Gregory Bateson, *Vers une écologie de l'esprit*, vol. II, *op. cit.*, p. 258). Ce dernier niveau est repris et interprété dans le coaching de vie et le coaching professionel comme la mission ou la vision qui doit guider l'individu et l'entreprise (Robert Dilts, *Être coach. De la recherche de la performance à l'éveil*, Interéditions, 2018).

5. Michel Foucault, *Naissance de la biopolitique. Cours au Collège de France (1978-1979)*, Seuil, 2004, p. 231.

particulier[6] », se présente comme un capital à gérer et suppose un permanent travail... sur soi.

Alors, comment faire pour que notre petite entreprise ne connaisse pas la crise si nous n'excellons pas en soldat du management de nous-même ? Comment donc aligner le travail et l'amour, le travail de l'amour et l'amour du travail pour que tout aille ? Comment faire quand le travail et la vie perdent leur sens, quand les salariés ne savent plus se relier à la vision et aux valeurs de l'entreprise et se sentent désengagés, quand les couples ne parviennent plus à se reconnaître dans l'histoire et les valeurs qui les ont fondés, en même temps que le vocabulaire de la performance s'infiltre confusément dans nos discours, nos pensées, nos visées pour contaminer tous les domaines de notre vie ? À conformer la temporalité de nos histoires au rythme de la productivité et de la communication managériale, nous risquons surtout le désalignement.

Manager nos vies par les fictions

Eh bien, pourquoi ne pas faire ce qu'ont fait les politiques managériales ces trente dernières années : recourir, comme elles, aux histoires, aux mythes, à la mythologie, la mythomanie, la mythocratie, pour sortir de la crise ? Capturer l'attention, faire appel à l'intelligence

6. Haud Gueguen et Laurent Jeanpierre, *La Perspective du possible*, La Découverte, 2022, p. 13. Voir sur ce point le très éclairant premier chapitre.

émotionnelle, redonner de la pertinence à ce que nous faisons en racontant des histoires ? La fin du siècle dernier a en effet vu naître une nouvelle méthode de communication visant à (re)mobiliser les salariés autour des valeurs de l'entreprise en temps de crise : le *business storytelling*, ou l'art de la communication narrative en entreprise. Cette méthode, apparue aux États-Unis au milieu des années 1990, est employée depuis dans de nombreux domaines et en particulier dans le management, le marketing publicitaire et la communication politique[7]. On a vu dans le *storytelling* une façon de dévoyer l'art de raconter. Mais le succès qu'il a connu dans des secteurs où la performance est reine prend sans doute sa source dans nos pratiques fictionnelles ordinaires plus encore que dans des pratiques littéraires instituées. Doit-on déduire de cet usage de la fiction que celle-ci peut se transformer en de dangereux objets manipulatoires ? Et si les techniques de *storytelling* étaient capables d'agir efficacement dans des domaines liés aux sentiments et à l'affectivité, où la performance est censée n'avoir aucun droit de cité ? Après tout, les fictions ne sont pas bonnes ou mauvaises en elles-mêmes : leur pouvoir d'action tient à la façon dont nous appliquons à nos vies leurs ressorts et leurs fonctions. Gageons que c'est en prêtant attention à la manière dont nous (nous) racontons nos histoires et en agençons les éléments dans nos vies que nous reprendrons la main sur le cours de nos

7. Christian Salmon, *Storytelling. La machine à fabriquer des histoires et à formater les esprits*, Paris, La Découverte, 2008.

actions. Un cours dont le flux charrie d'autres histoires qui s'enchevêtrent, nous emportent et nous entraînent loin de nos buts premiers et de notre seul contrôle, où il ne s'agit plus de performer à soi seul, mais de (sur)vivre avec les autres, de « faire avec [8] », de faire ensemble avec les forces en présence.

Steve Denning, l'un des représentants les plus connus du *business storytelling*, propose de remplacer le modèle de communication traditionnel, selon lequel on définit d'abord un problème, puis on l'analyse, et enfin on propose une solution[9], par un autre modèle en trois étapes : on attire d'abord l'attention, puis on stimule le désir de changement avant de renforcer ce désir par des arguments[10]. La nouveauté réside dans le fait que chaque étape du discours est structurée non par un raisonnement logique, mais par une narration. En effet, selon les promoteurs du *business storytelling*, rien de tel qu'un récit pour redevenir le héros de sa vie professionnelle, mobiliser les salariés autour de valeurs et d'une vision communes, mais aussi augmenter les ventes d'une marque. Car un récit peut capturer l'attention, stimuler l'imaginaire en jouant sur les émotions,

8. « Faire avec » est le titre qu'Yves Citton a donné à l'un de ses derniers ouvrages (*Faire avec. Conflits, coalitions, contagions*, Les liens qui libèrent, 2021) : faire avec les limites de nos ressources communes, les politiques économiques, énergétiques et sociales, nos amis et nos ennemis, faire ensemble en inventant des solidarités de terrain et de nouveaux modes de coalition entre minorités autour de problèmes concrets.

9. Steve Denning, *The Secret Language of Leadership. How leaders inspire action through narrative*, Jossey-Bass, 2007, p. 23.

10. *Ibid.*, p. 63.

générer de l'empathie, donner une cohérence à des éléments épars, créer des valeurs et convaincre.

Pourquoi utiliser des fictions dans des domaines où prévaut généralement le principe de réalité ? Pour contrôler et conditionner les esprits, répond l'écrivain et chercheur Christian Salmon dans son livre *Storytelling. La machine à fabriquer des histoires et à formater les esprits*, auquel réplique celui du théoricien de la littérature et des médias, Yves Citton, *Mythocratie. Storytelling et imaginaire de gauche*. Aux yeux de ce dernier, (se) raconter des histoires n'est pas bon ou mauvais en soi, mais relève d'un « pouvoir de scénarisation à travers lequel nos récits et nos gestes conditionnent les comportements libres [...] en les inscrivant dans une trame narrative[11] ». Le mythe pourrait donc tout aussi bien nous tromper que « frayer de nouveaux devenirs, individuels et collectifs[12] ». Il est un « pharmakôn, à la fois poison et antidote[13] », car les substances qui le composent peuvent nous sauver comme nous détruire. La question est alors de savoir qui raconte nos histoires et oriente nos conduites si nous laissons capter nos désirs et nos croyances dans des récits fabriqués par d'autres[14]. L'illusion ne se situe pas dans une possible confusion entre le réel et la fiction, puisque la réalité sociale est en grande part le fruit de nos fictions, mais dans

11. Yves Citton, *Mythocratie. Storytelling et imaginaire de gauche*, Éditions Amsterdam, 2010, 4e de couverture.

12. *Ibid.*, p. 15.

13. Lionel Ruffel, *Trompe-la-mort*, Verdier, 2019, p. 114.

14. Yves Citton, *Mythocratie*, *op. cit.*, p. 62.

le fait de croire que cette réalité, qu'elle soit conjuguée au singulier ou au pluriel, résulterait du récit d'un seul ou d'un seul récit. Tout récit est dans une certaine mesure coconstruit, parce que nous y participons en l'interprétant et en le prolongeant et qu'il se nourrit d'autres récits.

Le pouvoir transformateur des fictions

La définition minimale du récit (μῦθος), depuis la *Poétique* d'Aristote, correspond à une chaîne événementielle tripartite : état initial, transformation, état final. Tout schéma narratif suppose la transformation de la relation d'un sujet à un objet matériel ou abstrait. Selon le mythologue Joseph Campbell, concepteur du monomythe[15] et auteur du livre *Le Héros aux mille et un visages*[16], qui a inspiré tout autant l'industrie du cinéma hollywoodien[17] que les *business storytellers* et les coachs en développement personnel, tous les mythes partageraient un même schéma narratif qui prendrait la forme du voyage du héros : un héros quitte son quotidien pour s'aventurer dans un monde inconnu, où il doit lutter contre des forces extraordinaires. Il en revient transformé et doté

15. John Campbell fonde le caractère universel du schéma narratif du mythe, avec Carl Gustav Jung, sur la structure archétypale de l'inconscient collectif.

16. Joseph Campbell, *Le Héros aux mille et un visages*, *op. cit.*

17. Joseph Campbell a notamment inspiré la série des Star Wars avant de rencontrer Georges Lucas, dont il est devenu le mentor. Cf. Richard Mèmeteau, *Pop culture. Réflexions sur les industries du rêve et l'invention des identités*, La Découverte, 2014.

de la faculté de communiquer ses nouveaux pouvoirs à son entourage. La structure du mythe est le véhicule idéal d'une pensée magique où la transformation se présente sous les traits d'une prophétie autoréalisatrice, comme si, d'une certaine manière, le récit engendrait la réalité, une réalité qui n'aurait plus rien de contingent et d'arbitraire. Le mythe est composé de telle manière que l'on doit pouvoir y repérer les signes organisant un chemin nécessaire vers une fin. On sait, par exemple, combien le *storytelling* personnel de Barack Obama a compté dans son élection à la présidence des États-Unis. Il y retraçait son parcours de vie à l'image du président qu'il souhaitait être aux yeux de ses futurs électeurs : un président des minorités[18].

On peut comparer le pouvoir transformateur des fictions à celui du passage d'un processus primaire à un processus secondaire. Selon Bateson, inspiré par les travaux de Wittgenstein[19], ce passage équivaut à un changement de niveau logique. La structure ternaire du récit suppose qu'un élément perturbateur vient rompre l'état d'équilibre initial du héros, l'entraînant dans une succession de péripéties au terme desquelles il parviendra à un nouvel équilibre distinct du premier. Le héros

18. Anne Deysine, « Obama, homme providentiel ? », *Parlement[s], Revue d'histoire* politique, vol. 1, n° 13, 2010.

19. Je développe la question de l'articulation des usages littéraires ou artistiques aux usages ordinaires à travers une réflexion sur les usages primaires et secondaires dans « Formes littéraires à l'essai. Sur l'agentivité collective des écritures hors du livre », Olivia Rosenthal et Lionel Ruffel (dir.), *Littérature exposée 2, Littérature*, n° 192, 2018.

ne parviendra à une solution de la crise dans laquelle il a été plongé qu'à la condition de sortir du cadre logique primaire dans lequel il était immergé. Une telle possibilité s'apparente à la distinction que Ludwig Wittgenstein établit entre les « usages primaires » d'un terme et ses « usages secondaires ». Les usages primaires épousent la grammaire de notre langage ; ils sont fondés sur des règles et des apprentissages communs et se prêtent à des usages normalisés. Les usages secondaires s'apparentent à l'expérience d'un « voir comme[20] » ; ils sont liés à la physionomie que peut avoir un mot dans un contexte particulier. La possibilité qu'un mot change d'aspect va donc dépendre d'un changement de contexte qui mettra ce nouvel aspect en lumière. De la même manière, Yves Citton évoque deux types de scripts dans l'activité de narration : ceux qui se contentent de « *reconduire* la grammaire préexistante[21] » et ceux qui, en produisant des « effets de choc et de déplacement[22] », « reconfigure[nt] la syntaxe héritée, pour faire accepter comme grammaticaux (acceptables et porteurs de sens) des enchaînements qui ne l'étaient originellement pas[23] ». C'est cette nouvelle grammaire qui nous permettra de « reconfigurer les liens que nous percevons entre les différents aspects de notre

---

20. Voir *supra* dans le deuxième chapitre la figure du canard-lapin : nous ne voyons dans le dessin que l'une ou l'autre des deux figures, mais dès lors que nous parvenons à *voir* la figure *comme* un lapin, mais aussi *comme* un canard, il devient impossible de ne plus voir ce changement d'aspect.
21. Yves Citton, *Mythocratie, op. cit.*, p. 108.
22. *Ibid.*, p. 77.
23. *Ibid.*, p. 109.

propre réalité[24] ». Le changement de cadre logique qui s'opère au sein du récit et qui va permettre la transformation du héros fraye de nouvelles possibilités logiques et de sortie du cadre de notre réalité.

Sortir du cadre

C'est ainsi que les récits fictionnels peuvent acquérir une dimension divinatoire ou œuvrer comme des prophéties autoréalisatrices : « Les prophéties autoréalisatrices modifient le cadre apparemment ferme et objectif de notre réalité, et c'est donc plus qu'un simple jeu de mots que de les associer à des états modifiés de conscience. Après tout, le terme grec ancien *ekstasis* ["extase"], signifie précisément "être en dehors" du cadre psychologique qui était considéré comme normal[25]. » Paul Watzlawick, l'auteur de ces mots, les illustre par un exemple : en mars 1979, les médias californiens alertent sur une pénurie d'essence imminente. Les automobilistes se ruent dans les stations-service, épuisent les importantes réserves de la Californie, et la pénurie s'avère effectivement quelques jours après[26]. Les récits fictionnels nous invitent à une expérience de pensée qui nous projette dans le cadre d'une

---

24. *Ibid.*, p. 110.
25. Paul Watzlawick, « Effect or cause ? », *in* Paul Watzlawick (dir.), *The Invented Reality. How Do We Know What We Believe We Know? (Contributions to Constructivism)*, W. W. Norton & Company, 1980, p. 66. Je traduis.
26. Paul Watzlawick, « Self-Fulfilling Prophecies », *ibid.*, p. 95-96.

autre réalité. Parce que ce schéma force à un changement de cadre logique, il nous donne de bonnes possibilités de mettre en œuvre les mutations qui nous mèneront à la chute de ce récit, pour le meilleur ou pour le pire.

Le pire, en l'occurrence, tient dans le fait de confondre la carte et le territoire. Peu de relations amoureuses correspondent à la mythologie populaire, aux idéaux exposés dans les manuels de développement personnel[27] ou une certaine littérature sentimentale – on pensera par exemple aux lectures de Mme Bovary. Quand on envisage sa propre relation à l'aune de ces idéaux, il y a fort à parier qu'on y trouve des problèmes ou une inadéquation. Dans de tels cas, le problème réside surtout dans la tentative de résoudre un problème qui a priori n'en est pas un et qui, de toute façon, n'aurait pas de solution dans ce cadre-ci et à ce niveau de compréhension[28]. Oser la fiction, c'est en quelque sorte accepter de signer un « pacte avec le diable[29] » et prendre le risque de changer de cadre. Prenons l'exemple d'une relation amoureuse qui bat de l'aile : 1) si je persiste à la juger à travers le filtre de mes idéaux du couple, donc de l'intérieur du cadre de la situation que j'ai moi-même forgée, ces idéaux risquent de

27. Pour une enquête sur la façon dont les ouvrages de développement personnel donnent sens à notre existence, voir Nicolas Marquis, *Du bien-être au marché du malaise. La société du développement personnel*, PUF, 2014.

28. Paul Watzlawick nomme ce phénomène le « syndrome d'utopie », dans *Changements*, *op. cit.*, chap. II.

29. J'emploie cette expression selon le sens que lui donne Paul Watzlawick, *ibid.*, chap. III.

continuer à me conduire vers de fausses solutions ; 2) si je renonce à atteindre ces idéaux, ma relation perd son sens et je risque de l'observer amèrement se déliter. Dans tous les cas, je suis coincée et le seul moyen d'en sortir est de chercher ou d'accepter les règles d'un autre jeu sans savoir à l'avance où il me conduira.

Nous avons vu, dans le chapitre consacré au jeu de rôle, que cadre fictionnel et cadre réel peuvent être à la fois assimilés et distingués, comme un moyen d'expérimenter le collectif et de le construire chemin faisant à travers l'application des règles et leur mise en discussion. Le jeu de rôle permettait les allers-retours d'un cadre à un autre. Pour sortir d'une crise, d'une illusion, d'une tromperie, d'une voie sans issue, c'est au cadre dans lequel s'inscrit le jeu lui-même qu'il faut s'attaquer et prendre ainsi le risque du recadrage. Il ne s'agit pas de savoir si ce que nous proposent les *storytellers*, raconteurs d'histoires ou de boniments, est vrai ou faux, mais de voir si ça marche. Si j'essayais de le faire avec ma vie amoureuse pour sortir de la crise, de l'illusion, de la tromperie ou de l'impasse ?

La fiction permet d'inventer un nouveau cadre à nos actions. Elle ne nous trompe que si nous nous obstinons à cultiver des utopies hors-sol ou des projets « scalables [30] », transportables à toutes les échelles, sans nous soucier de leur ancrage, non parce qu'elle serait une pure illusion, un

30. Sur les difficultés que comporte le développement de logiques scalables qui ont été celles du capitalisme, voir le livre de l'anthropologue Anna Lowenhaupt Tsing, *Le Champignon de la fin du monde. Sur les possibilités de vivre dans les ruines du capitalisme*, La Découverte, 2017.

attrape-mouche, mais parce qu'elle introduit au contraire une distance entre le cadre dans lequel je me trouve et celui dans lequel elle me projette. « Quel est ton but en philosophie ?, questionnait Wittgenstein, – Montrer à la mouche comment sortir du piège à mouche[31]. » Comme la mouche se heurte sans la voir à la paroi transparente de la bouteille, nous butons contre nos cadres logiques tant que nous ne saisissons pas le moyen d'en sortir pour en comprendre à la fois l'existence et les limites. Les fictions ont cette fonction philosophique de nous aider à apercevoir la distance qui nous tient à l'intérieur du cadre, l'évaluer et la re-scénariser. Pour cette raison, Wittgenstein ne se privait pas de construire ce qu'il nommait des « concepts fictifs » afin de permettre la compréhension des nôtres [32]. Une telle puissance d'action provient sans doute du fait que, comme nous l'avons vu avec Bateson, nous pouvons nous situer à la fois en dedans et au-dehors du cadre de la fiction, plutôt que dans un rapport d'exclusion du cadre de la fiction de celui du réel. C'est ce jeu de va-et-vient d'un cadre à l'autre qui permet de mesurer la distance qui nous en sépare et d'ajuster ou de recadrer librement notre action en articulant des éléments du cadre fictionnel à notre cadre réel[33].

---

31. Ludwig Wittgenstein, *Recherches philosophiques, op. cit.*, § 309, p. 154.
32. Ludwig Wittgenstein, *Remarques mêlées*, Flammarion, coll. « GF », 2002, p. 146 : « Rien n'est pourtant plus important que l'élaboration de concepts fictifs, qui seuls nous apprennent à comprendre les nôtres. »
33. Ce qu'Yves Citton désigne comme une « méta-scénarisation » correspond, à mon sens, à un tel recadrage. Yves Citton, *Mythocratie, op. cit.*, p. 99.

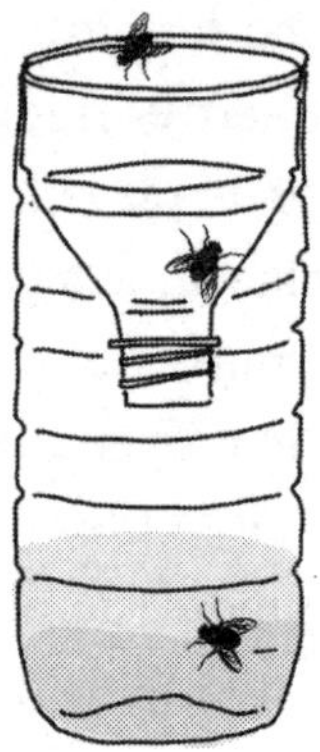

Changer de storytelling

On peut voir une forme de manipulation dans le pouvoir de scénarisation. C'est oublier qu'un récit ne se fait jamais seul et ne prend pas toujours. Comme la cartomancienne lit dans les cartes, à la lumière de ses échanges avec le consultant, des indices qui conduiront à le faire agir ou réagir, le *storyteller* module les apparences de sorte à produire des indices qui influenceront l'opinion ou feront agir autrui – sans toutefois pouvoir en programmer les actions. Après le succès du film documentaire *Super size me* [34], qui a fait de McDonald's l'incarnation de

34. Morgan Spurlock, *Super size me*, 2004, film documentaire diffusé dans plus de trente pays.

la malbouffe, l'enseigne a dû réviser sa stratégie de communication. Non seulement elle a, aux États-Unis, retiré de la vente son menu Super Size, s'est mise à commercialiser des salades et des sauces allégées et a fait passer son logo du rouge au vert, mais elle a soumis son *storytelling* à ce virage « écologique », délaissant l'expérience familiale « magique » au royaume du clown Ronald pour une narration visant l'authenticité des produits et le soutien des petits producteurs. Il est courant, si ce n'est constant, de croiser de tels exemples de recadrage en chaîne de scénarios – *Super size me* recadre le *storytelling* de McDonald's, qui se voit contraint de fabriquer en urgence un *storytelling* de crise, qui à son tour, selon sa capacité d'attraction des désirs et des croyances, reconditionnera ou non l'imaginaire et les comportements nutritionnels des consommateurs.

Je joue souvent, comme, je le crois, beaucoup d'entre nous, à refaire le *storytelling* de pans de ma vie, de celle de mes proches ou connaissances. C'est une sorte de gymnastique mentale à la fois déstabilisante et salutaire qui, me semble-t-il, me garde de figer le flux de la vie dans un seul récit et ses embranchements possibles. Quand ça coince, quand je n'arrive pas à me satisfaire d'une version des faits, quand c'est trop rose ou trop sombre, quand cela m'empêche, quand cela manque de générosité ou d'élan, je construis un *storytelling* de crise : j'essaie plusieurs récits jusqu'à ce que j'en trouve un suffisamment ajusté et ouvert, enracinable, dans lequel je puisse m'engager confiante, accueillir la contingence, faire advenir des possibles[35]. Les autres versions, une fois forgées, ne disparaissent pas pour autant, elles font partie des possibles qui gravitent autour de celui qui aura eu ma préférence ; une manière de conserver ce que l'écrivain Robert Musil nommait, dans *L'Homme sans qualités*, le « sens du possible », à savoir « la faculté de penser tout ce qui pourrait être “aussi bien” et ne pas accorder plus d'importance à ce qui est qu'à ce qui n'est pas[36] ».

Réinventer sa propre histoire, en servir une aux autres en vue de manipuler leurs pensées et leurs actions, peut ressembler à un artifice, une supercherie, un piège déterministe. Mais ce que les fictions nous font faire, elles le rendent effectif : elles nous font agir réellement. C'est là que réside le pouvoir ambivalent de nos fictions ordinaires. J'ai longtemps cru que ma famille paternelle avait des origines siciliennes. Cette histoire, sans doute nourrie par d'autres comme la saga du *Parrain* de Francis Ford Coppola, seyait mieux à l'imaginaire de mon père que celle de paysans affamés quittant les rudes flans des Apennins abruzzais pour immigrer dans le sud de la France. Lorsque j'ai été en âge de faire des recherches, j'ai tristement découvert que j'avais sans doute grandi dans un mythe. Mais ce mythe avait construit mon imaginaire, mon identité, à travers mes propres affabulations, les films et les romans

35. C'est aussi l'une des fonctions de la psychothérapie, où les récits sont souvent coconstruits. Voir Françoise Revaz, « Les récits produits en psychothérapie : un défi pour la narratologie », *Pratiques*, n° 181-182, 2019, http://journals.openedition.org/pratiques/5774.
36. Robert Musil, *L'Homme sans qualités*, Seuil, t. I, p. 17.

qui évoquaient cette partie insulaire de l'Italie et, mystérieusement, il continue d'exercer son charme influent. Au fond, mon père et moi avons finalement choisi la fiction avec laquelle nous nous étions construits et elle continue de cohabiter avec l'histoire de notre famille à travers l'hypothèse d'une autre ascendance qui se perdrait dans la nuit des temps.

Il y a un remède à l'illusion et à la manipulation par les fictions, un acte politique : oser la fiction, jouer franc-jeu avec elle, la reconnaître et l'assumer comme telle, lui faire place et la laisser transformer les états de choses existants. Endosser la fiction d'un descendant de clan sicilien en cavale aux côtés d'une histoire d'immigrés économiques ; choisir de vivre selon un imaginaire de la sobriété plutôt que selon le modèle extractiviste dominant présenté comme incontournable ; ou encore, se déclarer et agir en adelphe, adoptant l'imaginaire construit autour d'un terme qui recouvre une réalité encore à venir. C'est un moyen de nous préserver des histoires qui prétendent nous présenter la réalité telle qu'elle est, pour choisir de vivre, comme le protagoniste de *L'Homme sans qualités*, « à l'essai ».

Exerçons-nous : réussir sa vie privée grâce à l'art du storytelling d'entreprise

Vous connaissez la chanson d'Alain Bashung, « Ma petite entreprise ne connaît pas la crise... » ? Imaginez que la crise soit celle de votre couple ou que vous souhaitiez l'en préserver. Comment vous en sortir ? Prenons Freud à la lettre, faisons de l'association amour et travail un gage de normalité et, comme Bashung, de l'amour une petite entreprise, le temps d'une expérience de pensée. Pour cela tentons de transposer les recettes du *storytelling* d'entreprise sur le couple[37]. Je restreins, par facilité, l'exercice à la notion classique de couple, mais je n'oublie pas l'existence du polyamour qui, dans son principe, pourrait être apparenté à une pratique du décadrage. L'exercice ne s'applique pas non plus aux relations éphémères et au célibat. Les personnes concernées pourront tenter de le transposer aux relations d'amitié, en faisant preuve d'un peu plus d'imagination que moi.

Voyons donc si nous parviendrions, en changeant de cadre et de règles du jeu, à sortir de la crise où nous enferme notre cadre primaire. Et voyons du même coup où nous mènent les

37. Pour composer cet exercice, je m'inspire très largement d'un article de Thierry Burger-Helmchen, « *Corporate Storytelling* : Intégrer la pandémie dans l'histoire de l'entreprise », *in* Michel Kalika et Paul Beaulieu (dir.), *Les Impacts durables de la crise sur le management*, EMS Editions, coll. « Business Science Institute », 2021, p. 286-293.

préceptes de la communication managériale et de la culture d'entreprise quand on les transpose dans un cadre privé où les sentiments sont ce que l'on place en première ligne.

Le spécialiste en sciences de gestion Thierry Burger-Helmchen décrit de la façon suivante le processus de « narration organisationnelle[38] » :

> La narration organisationnelle *(storytelling)* est le processus continu de construction de sens *(sensemaking)*, d'une culture historique commune, et de connaissances partagées entre les membres d'une organisation afin de comprendre le passé, partager les événements du présent et fabriquer l'avenir. Il s'agit de manager l'histoire de l'entreprise et, de préférence, grâce au *storytelling*, de présenter sous un jour favorable les actions passées des managers, la naissance des produits phares de l'entreprise, sa croissance et sa conquête de certains marchés, ainsi que ses principaux succès. Ainsi, la narration organisationnelle définit les récits à travers lesquels certains événements, parfois majeurs, parfois insignifiants, se chargent d'une signification symbolique et participent à façonner la culture interne et la renommée externe de l'entreprise[39].

L'auteur poursuit en expliquant que cette narration est ce qui permet « de rebondir suite à une difficulté, un choc externe ou une mauvaise gestion passagère[40] ». Je suppose qu'en lisant

38. Le terme de narration tend à remplacer progressivement celui de *story-telling* dans le vocabulaire de la communication d'entreprise.
39. *Ibid.*, p. 286.
40. *Ibid.*

ces lignes votre imagination a déjà commencé à tisser des liens entre les deux contextes que nous allons rapprocher. J'en fais la transposition en pastichant le texte précédent :

> Quand le couple se trouve en situation de crise, il faudrait pouvoir s'appuyer sur la narration qui a permis d'en construire jour après jour le sens, la culture commune et les connaissances partagées. Car cette narration est le moyen de comprendre le passé, de partager le présent et de fabriquer l'avenir du couple. Il s'agit donc de manager son histoire et de présenter sous un jour favorable ses actions passées, la naissance de ses produits phares (qui ne sont pas nécessairement ses enfants, mais peuvent être des productions communes : un trekking dans le Sahara, la création d'une association pour l'accueil des sans-papiers, la restauration d'une bicoque dans la vallée du Chassezac, la participation à un ensemble musical, etc.), sa croissance, ses conquêtes et ses principaux succès. Tout cela en vue de définir des récits à travers lesquels les grands et petits événements vécus se chargent d'une signification symbolique et participent à façonner la culture interne et la renommée externe du couple.

Si vous n'avez pas l'habitude de pratiquer, comme certains le font spontanément, ce genre de narration pour votre couple, il est temps de commencer. En faisant un petit effort vous parviendrez à ressusciter des souvenirs qui ont forgé votre histoire, quitte à les dépoussiérer et les enjoliver un peu – ce qui sur le moment pourra vous sembler difficile, puisqu'en période de crise peu de ce qu'il nous reste en commun est encore récupérable à nos yeux – voire à en inventer quelques-uns si le jeu en vaut la chandelle, un vieux faux souvenir pouvant posséder comme nous l'avons vu un certain potentiel performatif.

Observons quelques domaines dans lesquels le *storytelling* d'entreprise peut être appliqué au couple à travers quelques exemples :

Le « marketing » : créez un univers autour des produits du couple : réalisez un album de photos de vos plus beaux moments ; invitez à dîner des amis chers et racontez-leur votre histoire remastérisée ; retournez sur les lieux de votre rencontre et publiez ensemble une *story* sur Instagram, etc.

La coopération : développez une confiance mutuelle en ressoudant celle-ci autour d'un récit coopératif d'entraide mutuelle : « Tu te souviens du jour où tu es venu·e me chercher jusqu'en Espagne quand ma voiture est tombée en rade sur l'autoroute, alors que tu étais en pleines révisions ? Tu avais tout juste de quoi payer l'essence aller-retour pour ta petite Clio », « Oui et toi, pour me remercier tu m'as coaché·e jusqu'à ce que je passe mon concours » ;

Le management du changement : présentez une vision enthousiasmante, convaincante et précise d'un futur que vous souhaitez atteindre. Une fois mis à plat les points sur lesquels un changement s'impose, inventez un récit sincère de votre relation transformée : « Je travaillerai moins et nous passerons plus de soirées ensemble, nous pourrons converser et mettre ensemble sur pied notre vieux projet de création de cette maison d'hôte qui nous faisait rêver quand nous nous sommes connu·es. »

Le débriefing d'un projet : apprenez des erreurs commises, transférez les éléments de réussite sur des projets similaires : refaites ensemble et sans fard le récit de vos trahisons : « Tu as l'avantage d'être à la fois super geek et agent double, j'ai pu vivre sereinement notre relation pendant que tu te tapais tes meufs/keums, sans déceler aucun indice de tes autres vies. Nous ne nous étions pas mis·es d'accord pour pratiquer le polyamour, mais si tu souhaites entretenir d'autres relations amoureuses continuons comme ça et j'en ferai de même. »

Le management de la qualité : faites participer les collaborateurs à l'amélioration continue. Reprenez régulièrement ensemble votre récit de gestion de sortie de crise et ajoutez-y les éléments nécessaires à l'amélioration continue pour obtenir les meilleures performances de couple possibles.

Le gros de l'affaire, pour surmonter la crise ou la prévenir, est de (ré)inventer le mythe fondateur du couple[41]. Voici comment s'y prendre en continuant notre pastiche :

Il s'agit de tisser un fil rouge au sein d'une narration qui prenne en compte un nombre d'événements et d'actions limités, afin que votre histoire marque les esprits. L'important est de créer une trajectoire cohérente entre le passé, le présent et le futur au service des valeurs spécifiques du couple. Ne mentionnez que des événements ou actions couronnés de succès. La narration sélective permettra de faire oublier les échecs et les mauvais moments. Pour mettre ce fil rouge

41. Sur le « mythe fondateur du couple », voir l'ouvrage du psychiatre Robert Neuburger, *Le Mythe familial*, ESF, 1995, rééd. 2020.

en évidence, vous pouvez créer votre musée imaginaire qui retrace l'aventure de votre couple, les décisions importantes, les tournants de l'histoire et comment certaines valeurs historiques lui permettent « toujours » de se développer.

VOYAGE DU COUPLE

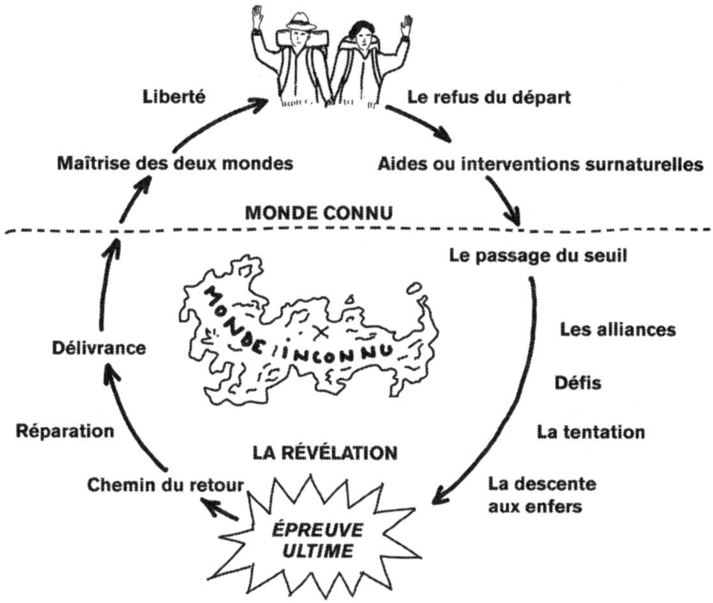

Pour ressouder les liens du couple, il vous faut (re)construire son identité. Votre *storytelling* doit souligner les qualités qui distinguent votre couple de tous les autres. Il s'agit de lui redonner confiance en vous appuyant sur les valeurs immuables qui le fondent. « Souviens-toi de ce projet fou que nous avions de vivre sur un voilier dans le port de Sète, de partir des mois en mer et de faire l'école en bateau à nos enfants. Nos amis nous prenaient pour des illuminés. Qu'est-ce qui nous retient de le faire ? »

Enfin, sachez exploiter votre patrimoine historique en utilisant un petit nombre de succès du passé (les recettes qui ont fait que votre relation a pris) qui pourraient encore avoir un sens pour vous aujourd'hui. Cette technique vise à masquer des difficultés immédiates grâce à des succès symboliques. La promotion de ces symboles historiques vous inspirera et vous rassurera sur votre potentiel de reprise. « On en a bavé, mais on a réussi à se soutenir en travaillant à tour de rôle pour que chacun de nous puisse finir sa formation. Crois-moi, on a la carrure pour réussir en partant de rien. »

Une fois construit votre *storytelling*, essayez de sentir comment vous bougez avec cette fiction, les mouvements qu'elle vous permet, comment elle adhère au terrain. Réajustez-la autant de fois qu'il le faudra. Il ne s'agit pas de repousser vos propres limites personnelles, un couple, contrairement à une entreprise, ne recherche pas (nécessairement) la performance, mais de vous laisser conduire par la fiction, de l'essayer, de vous laisser agencer par elle pour devenir avec elle. Vous a-t-elle permis de mettre le doigt sur ce qui manque à votre couple, sur ce qui fait sa force, les valeurs qui le fondent, son éventuel besoin de visibilité ou de publicité ? Mais surtout en réinventant votre histoire au moyen de nouvelles règles, bonnes ou mauvaises, avez-vous réussi à sortir de la crise et… à changer votre vie ?

Comment lutter contre l'aliénation sociale

Chacun se donnant tout entier, la condition est égale pour tous, et la condition étant égale pour tous, nul n'a intérêt de la rendre onéreuse pour d'autres. De plus, l'aliénation se faisant sans réserve, l'union est aussi parfaite qu'elle peut l'être et nul associé n'a plus rien à réclamer.

Jean-Jacques Rousseau, *Le Contrat social.*

L'herbe meurt,
Les hommes meurent,
Les hommes sont de l'herbe.

Gregory Bateson, *Vers une écologie de l'esprit,* traduction de Ferial Drosso, Laurencine Lot, Eugène Simion, et Christian Cler.

Arrivée au terme de ce parcours, voletant et butinant d'une fiction à l'autre, y réfléchissant, les construisant et éprouvant chacune d'entre elles en l'incorporant, en m'y attelant par l'exercice, je réalise combien elles sont peuplées d'émotions, de croyances, de pensées. Elles se façonnent avec nos morts, les vivants, nos histoires collectives, nos démons. Elles s'élancent, s'emballent, fulgurent, trébuchent, hoquettent, s'empêtrent, s'enlisent. Elles sont étincelantes ou triviales, pas toujours réussies, pas toujours heureuses, elles tombent à plat ou comme un cheveu sur la soupe. Elles sont parfois sans éclat, parce qu'ordinaires, le plus souvent mineures, précaires, anonymes. Peu importe tant qu'elles ne nous entravent pas, elles sont d'abord des outils pour vivre et survivre. On s'y agrippe comme à des bouées de sauvetage et elles nous aident à surnager avec un peu de chance jusque vers de nouveaux rivages, qu'elles font cependant parfois miroiter comme des mirages aveuglants. On s'y perd alors, elles nous séparent et nous aliènent – peut-être, dirait Guy Debord, comme la vie est aliénée par sa mise en spectacle quand « tout ce qui était directement vécu s'est éloigné dans une représentation[1] » ?

Et si nos fictions ordinaires étaient pourtant aussi ce que nous avions de mieux pour lutter contre l'aliénation ? L'aliénation désigne à la fois la privation de droits et de libertés, le conditionnement imposé par la société, l'asservissement, l'égarement, la folie, le fait de perdre la

1. Guy Debord, *La Société du spectacle* [1967], Gallimard, 1992, p. 15.

raison ou de devenir étranger à soi-même ou aux autres. Au sens étymologique du terme latin *alienatio*, elle signifie aussi bien le procès créateur de l'être autre que le dessaisissement d'être. Il peut y avoir une forme de libération comme de malheur dans le dessaisissement. La fiction, nous l'avons vu, fonctionne comme un *pharmakôn*, à la fois poison et antidote. Je gage que cette double modalité de fonctionnement en fait un partenaire de choix pour rejoindre l'aliénation aussi bien que pour lutter contre elle.

Observons les décalages, les dérapages, les dérèglements, les délires, l'inspiration par lesquels nous nous ingénions à survivre en milieu hostile, où « le quotidien s'invente avec mille façons de *braconner* [2] ». Prêtons attention aux fictions dans lesquelles s'inscrivent ces subterfuges. De l'explication de la schizophrénie par la théorie de la double contrainte développée par Grégory Bateson à l'enquête que Joy Sorman mène auprès de patients et leurs soignants dans *À la folie*, en passant par *L'Idiot* de Dostoïevski, qui met ses personnages dans des situations impossibles et observe leurs réactions et actions, ou *Viviane Élisabeth Fauville* (Julia Deck) dont on ne sait si la folie est la nôtre ou la sienne, de nombreux penseurs et écrivains ont observé comment nos fictions ordinaires fabriquent nos petits arrangements avec le monde pour y maintenir un fragile équilibre. À y regarder de près, elles

2. Michel de Certeau, *L'Invention du quotidien, vol. I, Arts de faire*, Gallimard, 1990, p. XXXVI.

pointent du doigt des dysfonctionnements sociaux, elles expriment avec inventivité des façons, heureuses ou malheureuses, d'en réchapper. Ces fictions offrent un entraînement à l'émancipation.

Je passe de longues périodes de l'année dans un petit port de pêche en Italie, sorte de minuscule enclave entre mer et montagne, préservée du temps. Là-bas, la loi Basaglia, du nom du psychiatre qui en est l'auteur, a remis en circulation dans les rues du pays tous les « fous » qu'on enfermait avant 1978 dans les hôpitaux psychiatriques. Dans mon quartier, tout le monde se connaît, se croise chaque jour, se salue et palabre dans la rue principale qui finit en fourche sur la plage où gisent les barques de pêche. Les vieux vivent dehors toute l'année. Ils se réunissent au soleil sur la promenade en hiver ou à l'ombre, le long du quai, en été. Il y a une dizaine d'années, on pouvait encore y rencontrer Ornella et Ferruccio et assister à l'une de leurs phénoménales disputes sous l'œil amusé de l'autochtone ou surpris du passant. Ferruccio, qui portait bien son nom, avait la manie de la ferraille. Il trimballait toujours un tas d'outils et de morceaux de fer sur lesquels il tapait à longueur de journée et qu'il laissait traîner sur son passage. Ornella, à qui il manque aujourd'hui, a la manie du nettoyage. Grâce à elle, notre quartier est sans doute le plus propre de la ville, jusque sur la plage qui ne bénéficie pourtant d'aucun service d'hygiène puisqu'elle est à la fois publique et interdite à la baignade. Comment s'y prend-elle ? Ne croyez pas que de ses petits bras maigres, elle se charge à elle seule du ménage des environs, même si elle s'y affaire presque toute la journée. Non, sa technique est bien plus redoutable : elle met au pas tout le monde, jeunes et vieux, femmes et hommes, voisins ou étrangers. Tous la craignent et la respectent, tout en maugréant contre sa folie. Car si vous avez le malheur de déposer un carton dans le mauvais conteneur, un encombrant près des poubelles, votre mégot sur le sable, la crotte de votre chien sur le trottoir sans la ramasser, elle vous assaille de sa voix stridente d'une telle salve d'injures et de vérités bien assénées dans son dialecte natal que la honte s'abat sur vous jusqu'à la fin de vos jours et résonne pour longtemps sous les persiennes entrebâillées des voisins. Seul Ferruccio lui tenait tête. Il était toujours si joyeux, si communicatif, bien qu'aucun de ses discours ne fût vraiment compréhensible ; elle, en revanche, toujours si renfrognée dans son monologue criard sur la déchéance du monde et son regard qui vous croise sans vous voir. Il n'a jamais été aussi vrai que les contraires s'attirent. Ferruccio était la cible de choix d'Ornella, à moins que ce ne fût le contraire, car il adorait la faire enrager. Je n'ai jamais vu personne les malmener, malgré leur tapage quotidien, les invectives constantes d'Ornella à l'adresse du quidam. Au contraire, grands bavards l'un comme l'autre, on les trouvait souvent en conversation avec leurs vieux amis, des voisins, des commerçants. Chacun d'eux avait sa place et contribuait à l'écologie sociale du quartier. J'ai même souvent entendu dire qu'Ornella, dans son délire, exprimait tout haut ce que la plupart n'osaient penser tout bas.

Le monde de Ferruccio et d'Ornella est composé de gestes, de phrases, de récits qui n'ont a priori rien de fictionnel. Ceux-ci semblent plutôt étrangers, en dessous de l'ordinaire, de la norme, non conformes. Mais si on décale le regard, si on change le contexte, la règle du jeu, ces discours acquièrent un autre sens. Prenez un texte, par exemple, de Christophe Tarkos, de Charles Pennequin ou de Laura Vazquez, imaginez ces auteurs le prononcer, sillonnant entre les barques, pour un public de baigneurs auxquels ils ne s'adresseraient pas vraiment. Tenez :

> je gonfle.. .... je gonfle .... ça fait .... ça fait trente ans que je gonfle comme ça .... sur la plage des fois on voit on voit passer des gens .... alors c'est bizarre je gonfle depuis trente ans .... et c'est pas encore fini d'être gonflé .... alors je continue .... ça m'ennuie pas de gonfler .... je me demande quand même si y a pas une fuite ....[3].

Souffler. Respirer. Pousser. Qu'est-ce qui nous vient. Qu'est-ce qui nous pousse dedans. Dehors. Qu'est-ce qu'on viendrait y faire. On viendrait rien y faire. On viendrait y pousser. Pousser sa voix. Pousser son corps en

3. Christophe Tarkos, *Le Petit Bidon et autres textes*, P.O.L., 2019.

> voix. Dans l'être. On naît. On naît d'un coup. En un coup de gueule. On n'a que ça. On n'a qu'une gueule. Qu'un corps. On naît qu'un seul jour. Il n'y a qu'un temps. On est tout seul dedans. Et pourtant tout le monde est autour. Tout le monde vous veille. On veille un mort. On lui dit bonjour. On vient pour le saluer[4].

> Ne pensez pas, restez dans votre chambre, et taisez-vous. [...] Les cellules se moquent de nous à cause de nos pensées, elles connaissent nos pensées. Une cellule peut devenir le couvercle de notre cercueil, elle peut devenir une larme, un bouton, un rhume ou le cancer. Des cellules rigolent, des cellules détestent. Et pour se protéger, il faut se taire. Quand on se tait, nos cellules se calment. Taisez-vous dans votre tête[5].

Imaginez maintenant le monologue écologiste rageur d'Ornella prononcé sur la scène de la Maison de la poésie, à Paris. Hormis le fait que l'on n'obtiendrait jamais d'elle de s'y déplacer, elle me donne à voir que son rapport au monde et aux êtres n'est pas tout à fait étranger à celui de la lecture poétique : une adresse vibrante, qui n'attend pas d'échange, à un autre que soi indéfini et certainement non présent, que les présents reçoivent pourtant. La différence notable tient à la reconnaissance institutionnelle.

---

4. Charles Pennequin, *Bibi*, P.O.L., 2002.
5. Laura Vazquez, *La Semaine perpétuelle*, Éditions du sous-sol, 2021.

Imaginer une possible interchangeabilité de ces situations permet d'envisager autrement l'agentivité de nos mini-fictions portatives. Lorsque celles d'Ornella ou de Ferruccio sont placées dans leur cadre ordinaire, cet ordinaire qui s'oppose à l'ordre établi devient alors le nôtre. Nous nous y frottons chaque jour, et si nous nous efforçons d'en suivre la logique, de pratiquer l'exercice d'empathie consistant à incorporer leurs gestes, raisonner avec leurs phrases, nous couler dans leurs manières, nous sentons poindre un petit jeu, un écart dans la jointure, qui desserre les liens, permet un mouvement plus ample, une plus large respiration. Cet exercice, nous le pratiquons sans le savoir dans nos vies quotidiennes avant de le faire avec nos fictions artistiques et leurs personnages. Ceux-ci nous aident juste à le voir un peu mieux, à prendre le temps de nous y arrêter, d'en faire une expérience de pensée plus complète que ne nous le permettent nos petites fictions prises dans le flux du quotidien. Mais rencontrer ces personnages dans des êtres de chair et de sang, rencontrer ces êtres vraiment, leur accorder toute notre attention, les côtoyer, composer avec eux, les « com-prendre », suppose une sortie de soi par l'effort d'une expérience fictionnelle et sensible à la fois[6]. On peut voir en cela un double

6. Ces expériences peuvent être désignées comme des expériences affectives de pensée. Elles se distinguent des expérience de pensée traditionnelles pratiquées en philosophie ou dans les sciences par le fait qu'elles nécessitent un investissement affectif du sujet pour être réalisées. Loin de relever comme ces dernières d'un exercice intellectuel désincarné, elles donnent lieu à de véritables expériences constituées par des interactions et des transactions avec un milieu, des expérimentations

processus d'aliénation par lequel, dans un élan créateur, nous nous dessaisissons de nous-mêmes pour devenir (l') autre *(alius)*. Nous usons de la fiction pour expérimenter un *voir comme* par lequel nous passons de l'ordinaire à l'extra-ordinaire, puisqu'il nous fait voir l'ordinaire des autres qui est extraordinaire pour nous.

Je ne sais rien des difficultés existentielles de Ferruccio et Ornella, je ne les ai pas connus d'assez près. Mais ils ne m'ont jamais donné l'impression d'être plus malheureux que d'autres. J'ai toujours eu le sentiment au contraire qu'ils avaient plus de prise sur leur environnement que la plupart d'entre nous, qu'ils faisaient corps avec, et que non seulement cela soutenait leur existence suffisamment fermement pour qu'ils puissent y exprimer librement ce que l'on appellerait aujourd'hui leur neurodiversité, mais qu'ils nous donnaient une voie pour penser et vivre « par le milieu » ou écologiquement, comme le dirait la philosophe Isabelle Stengers[7]. Ornella se rapporte aux humains via leurs déchets, Ferruccio via la ferraille, comme des objets transitionnels dans un espace intermédiaire où une relation créative au monde peut prendre place. Même si, et peut-être surtout parce que, leur manière de communiquer n'est jamais tout à fait ou pas toujours directement adressée, leur créativité ne semble pouvoir prendre forme

affectives de formes de vie. Je me permets de renvoyer sur ce point à mon texte préfaçant le livre de Jean Gilbert, *op. cit.*, p. VII et suiv.

7. Isabelle Stengers, *Cosmopolitiques 1*, La Découverte, 2003.

que si le monde, leur monde, peut en être témoin, et leur vie n'être vivable qu'à condition que s'exprime cette créativité. Ce qui me saisit, en les observant, est la forme particulière de communication de leurs fictions ordinaires : leurs « délires » n'étant jamais destinés à des individus, mais toujours à une multitude indistincte, perturbent suffisamment la communication pour faire apparaître qu'ils concernent les possibilités de relations réciproques plus que les choses elles-mêmes, leur enjeu véritable étant de défendre leur position au sein de la communauté plus que de communiquer sur la saleté des gens ou la poulie à réparer. Ornella comme Ferruccio, en simulant l'affairement constant autour d'un objet précis, parviennent à signifier et, par là, à créer non seulement leur espace au sein de la communauté, mais aussi du commun. Car, nous l'avons tristement constaté quand son diabète a emporté Ferruccio, le liant joyeux dont il se faisait l'artisan inlassable s'est dissous, la fragile harmonie des contraires qu'ils maintenaient lui et sa piaillarde comparse a disparu.

En mettant en scène sur la place publique ses activités de ferrailleur, il développait une forme d'agentivité sociale bien plus ingénieuse que ne le lui aurait permis un « véritable » emploi, où la majorité des relations et de l'activité sont normées et codifiées ; en simulant une participation sociale à une forme de production pour la communauté, il dégageait une marge de liberté qui lui permettait d'exercer le métier dans lequel il excellait le mieux : celui de cimenteur social. Le fait de simuler l'activité lui permettait d'un même geste de se débarrasser du cadre social qui la contraint tout en y intégrant suffisamment les codes. Des codes nécessaires à la fois pour se reconnaître et être reconnu comme actif et acteur social, pour déjouer la stigmatisation sociale et improviser d'autres modes d'existence.

Gregory Bateson constate après avoir conversé avec des dresseurs de chiens d'aveugles et de dauphins que la première qualité d'un dresseur consiste à empêcher l'animal d'exercer son choix entre agir ou ne pas agir selon un comportement dont il a appris qu'il est « juste ». « Il faut continuellement que l'animal sache que le seul "choix" qui lui reste, s'il ne veut pas s'attirer d'ennuis, c'est de faire la chose qu'il a appris à reconnaître comme "juste" dans un contexte donné. Autrement dit la première condition d'un numéro de cirque réussi, c'est que l'animal renonce à se servir des niveaux supérieurs de son intelligence[8]. » En tant que mammifères, les humains sont eux aussi soumis à des formes d'aliénation sociale apparentées aux effets du dressage animal. L'activité fictionnelle est l'une des voies pour en sortir, une voie que Ferruccio et Ornella, par leurs désalignements, nous invitent à accueillir comme modes d'être alternatifs. Ceux-ci requièrent, pour faire commun, « un récit d'un collectif qui excède le personnel[9] », un champ de relations au sein duquel l'alignement de chacun

---

8. Gregory Bateson, « Problèmes de communication chez les cétacés et autres mammifères », *Vers une écologie de l'esprit 2* [1972], Seuil, 1980, p. 143.
9. Erin Manning, *Le Geste mineur* [2016], Les presses du réel, 2019, p. 273.

et des uns par rapport aux autres forme un tout qui excède ses parties.

Les formes fictionnelles que j'ai évoquées tout au long de cet ouvrage n'ont pas pour but d'imiter le monde ou un monde possible décroché de celui-ci ; elles agissent dans et par le monde ; plus encore, elles le coconstruisent, car elles sont toujours relationnelles ; elles ouvrent un espace à l'enthousiasme. L'enthousiasme, selon son étymologie grecque, signifie « qui porte dieu en soi ». Selon la définition du Centre national de ressources textuelles et lexicales (CNRTL), il relève d'« un état d'exaltation de l'esprit, d'ébranlement profond de la sensibilité de celui qui se trouve possédé par la divinité dont il reçoit l'inspiration, le don de prophétie ou de divination ». Par extension, il désigne aussi l'état d'exaltation du poète ou de l'artiste en proie à l'inspiration. Par extension encore, c'est une force qui nous pousse à créer ou à agir avec ardeur et dans la joie. L'idée que l'artiste ne crée pas, mais que « *ça* crée à travers lui » a vécu. Pourtant, « qu'est-ce que l'inspiration ou la voyance poétiques, sinon le fait que mon poème émane en partie d'ailleurs que moi, et que ma vision fait apparaître ce que je suis incapable de voir moi-même ? La poésie d'un aveugle [Homère] indique bien que *ça* (la nature, la substance) parle (voit, chante, agit s'organise) *en moi*[10] ». Nous pourrions prolonger l'inspiration

10. Yves Citton, *L'Envers de la liberté. L'invention d'un imaginaire spinoziste dans la France des Lumières*, Éditions Amsterdam, 2006, p. 122.

spinoziste de cette remarque, à travers une interprétation de l'enthousiasme par la joie. Cette joie que Spinoza, dans son *Éthique,* considère comme un affect qui devient une action lorsqu'elle repose sur la connaissance adéquate de notre nature et de celle du tout. L'enthousiasme se situe en toute action où, selon les mots de la philosophe Erin Manning, il est un « mouvement-avec[11] ». Et c'est aussi, je crois, la dimension divinatoire de la fiction, incarnée dans un désir qui, dans son élan, vient recouvrir et embrasser déjà, et donner à exister, et exister dans, ce qui est autre *(alius).* Un élan vital, qui émane en partie d'ailleurs que de soi, sans quoi le mouvement n'existerait pas, et tend vers quelque chose d'autre. Chaque fois que je lance une fiction au-devant de moi, elle est comme un galet ricochant sur l'eau, créant des ondes concentriques qui se resserrent en bout de course et se rejoignent lentement. Il faut trouver le bon geste et la pierre adaptée pour que, rebondissant sur la surface le plus loin possible avant de plonger vers le fond, elle laisse flotter longtemps encore les traces mouvantes de son passage, changeant la forme de l'eau.

11. *Ibid.*

Bibliographie

Sandy Amerio, *Storytelling. Index sensible pour Agora non représentative*, ENSBA, 2004.

Laurie Audibert, *Ensorcelez votre business*, De Vinci, 2021.

John L. Austin, *Quand dire, c'est faire*, trad. de l'anglais (États-Unis) de Gilles Lane, Seuil, 1970.

Gregory Bateson, *La Nature et la pensée*, trad. de l'anglais (États-Unis) d'Alain Cardoën, Marie-Claire Chiarieri et Jean-Luc Giribone, Seuil, 1984.

Gregory Bateson, *Vers une écologie de l'esprit*, vol. 1 et 2, trad. de l'anglais (États-Unis) de Ferial Drosso, Laurencine Lot, Eugène Simion et Christian Cler, Seuil, 1977 et 1980.

Pierre Bayard, *Demain est écrit*, Éditions de Minuit, 2005.

Pauline de Becdelièvre et François Grima, « La Covid-19, un choc de carrière restructurant le sens du travail », *Revue française de gestion*, vol. 8, n° 293, 2020, p. 151-160.

Brune de Bérail et Sylvain Missonnier, « Entre angoisse et créativité : les compagnons imaginaires », *Dialogue*, vol. 3, n° 189, 2010, p. 39-55.

Brune de Bérail, « Entre fantasme et fantôme : la relation d'objet virtuelle d'un enfant à son frère (imaginaire ?) », *Spirale*, vol. 4, n° 60, 2011, p. 109-115.

Marc-Antoine Berthod, Doutes, croyances et divination. *Une anthropologie de l'inspiration des devins et de la voyance*, Éditions Antipodes, 2007.

Pomme Boucher, Boris Nordmann et Stéphane Grasser, « Comment se préparer à l'éventuel retour du loup sur la Montagne limousine ? », *IPNS*, n° 62, 2018.

Valérie Brunel, *Les Managers de l'âme. Le développement personnel en entreprise, nouvelle pratique de pouvoir ?*, La Découverte, 2008.

Thierry Burger-Helmchen, « *Corporate Storytelling* : Intégrer la pandémie dans l'histoire de l'entreprise », *in* Michel Kalika et Paul Beaulieu (dir.), *Les Impacts durables de la crise sur le management*, EMS Éditions, coll. « Business Science Institute », 2021, p. 286-293.

Giulio Busi, *Indovinare il mondo*, Il Mulino, 2021.

Edgar Cabanas et Eva Illouz, *Happycratie. Comment l'industrie du bonheur a pris le contrôle de nos* vies, Premier Parallèle, 2018.

Olivier Caïra, *Jeux de rôle. Les forges de la fiction*, CNRS Éditions, 2007.

Italo Calvino, *Le Château des destins croisés*, trad. de l'italien de Jean Thibaudeau, Gallimard, 1976.

Joseph Campbell, *Le Héros aux mille et un visages*, trad. de l'anglais (États-Unis) de Henri Crès, Oxus, 2010.

Dominique Casajus, *Le Hasard mode d'emploi*, Éditions de l'EHESS, 2022.

Michel de Certeau, *L'Invention du quotidien,* t. I, *Arts de faire,* Gallimard, 1990.

Yves Citton, *Faire avec. Conflits, coalitions, contagions,* Les liens qui libèrent, 2021.

Yves Citton, *Médiarchie,* Seuil, 2017.

Yves Citton, *Mythocratie. Storytelling et imaginaire de gauche,* Éditions Amsterdam, 2010.

Yves Citton, *L'Envers de la liberté. L'invention d'un imaginaire spinoziste dans la France des Lumières,* Éditions Amsterdam, 2006.

Marianne Costa, *Le Tarot pas à pas,* Dervy, 2019.

Thomas Coutrot et Coralie Perez, « Quand le travail perd son sens », document d'études de la Dares, n° 249, 2021.

Guy Debord, *La Société du spectacle,* Gallimard, 1992.

Steve Denning, *The Secret Language of Leadership. How leaders inspire action through narrative,* Jossey-Bass, 2007.

Philippe Descola, *Les Lances du crépuscule,* Plon, 1993.

Vinciane Despret, *Au bonheur des morts. Récits de ceux qui restent,* La Découverte, 2015.

John Dewey, *Le Public et ses problèmes,* trad. de l'anglais (États-Unis) de Joëlle Zask, Gallimard, coll. « Folio essais », 2010.

John Dewey, *L'Art comme expérience,* trad. de l'anglais (États-Unis) de Jean-Pierre Cometti *et alii,* Farrago/Presses universitaires de Pau, 2005.

Anne Deysine, « Obama, homme providentiel ? », *Parlement[s]. Revue d'histoire politique,* vol. 1, n° 13, 2010, p. 87-102.

Annie Ernaux, *Le Jeune Homme,* Gallimard, 2022.

Jeanne Favret-Saada, *Désorceler,* Éditions de l'Olivier, 2009.

Jeanne Favret-Saada, « On y croit toujours plus qu'on ne croit. Sur le manuel vaudou d'un président », *L'Homme,* vol. 2, n° 190, 2009, p. 7-25.

Jeanne Favret-Saada, *Corps pour corps*, Gallimard, 1981.

Jeanne Favret-Saada, *Les Mots, la mort, les sorts*, Gallimard, 1977.

François Flahault, *La Méchanceté*, Descartes et Cie, 1998.

Michel Foucault, *Naissance de la biopolitique. Cours au Collège de France (1978-1979)*, Seuil, 2004.

Alexandre Gefen et Sandra Laugier (dir.), *Le Pouvoir des liens faibles*, CNRS Éditions, 2020.

John Geiger, *L'Ami invisible. Le mystère de la survie dans les environnements extrêmes*, trad. de l'anglais (États-Unis) de Marie Boudewyn, JC Lattès, 2012.

Jean Gilbert, *xx.com*, Questions théoriques, 2020.

Erving Goffman, *Stigmate. Les usages sociaux des handicaps*, trad. de l'anglais (États-Unis) d'Alain Kihm, Éditions de Minuit, 1975.

Ernst Gombrich, *L'Art et l'illusion. Psychologie de la représentation picturale*, trad. de l'anglais (États-Unis) de Guy Durand, Gallimard, 1971.

Nelson Goodman, *Faits, fictions et prédictions*, trad. de l'anglais (États-Unis) de Martin Abran, Éditions de Minuit, 1954.

David Graeber, *Bullshit jobs*, trad. de l'anglais (États-Unis) d'Élise Roy, Les liens qui libèrent, 2018

Mark Granovetter, « The Strength of Weak Ties », *American Journal of Sociology*, vol. 78, n° 6, mai 1973, p. 1360-1380.

Philippe Grimbert, *Un secret*, Grasset, 2004.

Haud Gueguen et Laurent Jeanpierre, *La Perspective du possible*, La Découverte, 2022.

Pierre Hadot, *Exercices spirituels et philosophie antique*, Albin Michel, 2002.

William James, *L'Expérience religieuse. Essai de psychologie despcriptive*, trad. de l'anglais (États-Unis) de Frank Abauzit, Alcan, 1906.

Dominiq Jenvrey, *Le Cas Betty Hill. Une introduction à la psychologie prédictive*, Questions théoriques, 2015.

Dominiq Jenvrey, *Théorie du fictionnaire*, Questions théoriques, 2011.

Alejandro Jodorowsky et Marianne Costa, *La Voie du Tarot*, Albin Michel, 2004.

Friedrich Kittler, *Gramophone, film, typewriter*, trad. de l'allemand de Frédérique Vargoz, Les presses du réel, 2018.

Madame de Lafayette, *La Princesse de Clèves*, Flammarion, 2019.

Françoise Lavocat, *Fait et fiction. Pour une frontière*, Seuil, 2016.

Martin Lefebvre, *Psycho. De la figure au musée imaginaire. Théorie et pratique de l'acte de spectature*, L'Harmattan, 1998.

Anna Lowenhaupt Tsing, *Le Champignon de la fin du monde. Sur les possibilités de vivre dans les ruines du capitalisme*, trad. de l'anglais (États-Unis) de Philippe Pignarre, La Découverte, 2017.

Marielle Macé, *Nos Cabanes*, Verdier, 2019.

Erin Manning, *Le Geste mineur*, trad. de l'anglais (États-Unis) d'Aline Wiame, Les presses du réel, 2019.

Erin Manning, *Always more than one*, Duke University Press, 2013.

Nicolas Marquis, *Du bien-être au marché du malaise. La société du développement personnel*, PUF, 2014.

Richard Mèmeteau, *Pop culture. Réflexions sur les industries du rêve et l'invention des identités*, La Découverte, 2014.

Pierre Mercklé, *La Sociologie des réseaux sociaux*, La Découverte, 2004.

Henri Michaux, *La Vie dans les plis*, Gallimard, 1949.

Baptiste Morizot, *Les Diplomates. Cohabiter avec les loups sur une autre carte du vivant*, Wildproject, 2016.

Nancy Murzilli, « “Réel est mon fantôme” : l’agentivité des écritures spectrales en régime 24/7 », préface à *xx.com* de Jean Gilbert, Questions théoriques, 2020, p. VII-XV.

Nancy Murzilli, « Formes littéraires à l’essai. Sur l’agentivité collective des écritures hors du livre », Olivia Rosenthal et Lionel Ruffel (dir.), *Littérature exposée 2, Littérature,* n° 192, 2018.

Robert Musil, *L’Homme sans qualités,* t. I, trad. de l’allemand de Philippe Jaccottet, Seuil, coll. « Points », 1982.

Isabelle Nadolny, *Histoire du tarot,* Trajectoire, 2018.

Tobie Nathan, Isabelle Stengers, *Médecins et Sorciers,* La Découverte, 2012.

Robert Neuburger, *Le Mythe familial,* ESF, 1995, rééd. 2020.

Charles Pennequin, *Bibi,* P.O.L., 2002.

François Rabelais, *Le Tiers Livre,* dans *Tout Rabelais,* éd. de Romain Memini, Bouquins, 2022.

Françoise Revaz, « Les récits produits en psychothérapie : un défi pour la narratologie », *Pratiques,* n°181-182, 2019, http://journals.openedition.org/pratiques/5774.

Paul Ricœur, *Temps et récit,* t. I, II et III, Seuil, 1983-1985.

Giacomo Rizzolatti et Corrado Sinigaglia, *Les Neurones miroirs,* trad. de l’italien de Marilène Raiola, Éditions Odile Jacob, 2008.

Chiara Rolla, « *Clèves* de Marie Darrieussecq : parcours de lecture et tentative(s) de définition(s) », *Cahiers de narratologie,* n° 23, 2012, https://doi.org/10.4000/narratologie.6630.

Olivia Rosenthal, *Que font les rennes après Noël ?,* Verticales, 2010.

Lionel Ruffel, *Trompe-la-mort,* Verdier, 2019.

Christian Salmon, *Storytelling. La machine à fabriquer des histoires et à formater les esprits,* Paris, La Découverte, 2008.

Jean-Marie Schaeffer, *Les Troubles du récit. Pour une nouvelle approche des processus narratifs*, Éditions Thierry Marchaisse, 2020.

Isabelle Stengers, *Cosmopolitiques 1*, La Découverte, 2003.

Charles Stépanoff, *Voyager dans l'invisible. Techniques chamaniques de l'imagination*, La Découverte, 2019.

Charles Stépanoff, « Dessins chamaniques et espace virtuel dans le chamanisme khakasse », *Gradhiva*, n° 17, 2013, p. 144-169.

Christophe Tarkos, *Le Petit Bidon et autres textes*, P.O.L., 2019.

Paul Valéry, « Difficulté de définir la simulation », *La Nouvelle Revue française*, n° 164, 1927, p. 620-621.

José Mauro de Vasconcelos, *Mon bel oranger*, trad. du portugais (Brésil) d'Alice Raillard, Le Livre de Poche Jeunesse, 2014.

Laura Vazquez, *La Semaine perpétuelle*, Éditions du sous-sol, 2021.

Kendall Walton, *Mimesis as make believe*, Harvard University Press, 1990.

Bill Watterson, *The Calvin and Hobbes Tenth Anniversary Book*, Andrews and McMeel, 1995.

Paul Watzlawick, John H. Weakland et Richard Fisch, *Changements. Paradoxes et psychothérapie*, trad. de l'anglais (États-Unis) de Pierre Furlan, Seuil, coll. « Points Essais », 1990.

Paul Watzlawick, *Faites vous-mêmes votre malheur*, trad. de l'anglais (États-Unis) de Jean-Pierre Carasso, Seuil, 1984.

Paul Watzlawick (dir.), *The Invented Reality. How Do We Know What We Believe We Know? (Contributions to Constructivism)*, W. W. Norton & Company, 1980.

Donald Winnicott, *Jeu et réalité. L'espace potentiel*, trad. de l'anglais de Claude Monod et Jean-Bertrand Pontalis, Gallimard, 1975.

Ludwig Wittgenstein, *Recherches philosophiques*, trad. de l'allemand d'Élisabeth Rigal *et alii*, Gallimard, 2005.

Ludwig Wittgenstein, *Remarques mêlées,* trad. de l'allemand de Gérard Granel, Flammarion, coll. « GF », 2002.

Ludwig Wittgenstein, *Remarques sur la philosophie de la psychologie,* vol. 1, trad. de l'allemand de Gérard Granel, T.E.R., 1989.

Joëlle Zask, *La Démocratie aux champs,* La Découverte, 2016, p. 96.

Remerciements

L'histoire de ce livre est faite de rencontres fortuites et d'échanges informels avec collègues, amis, proches et inconnus. Leurs gestes d'amitié et leur partage d'expériences d'autant plus extraordinaires qu'elles se révèlent communes m'ont transmis l'élan et la joie de l'écrire, et lui ont donné sa raison d'être.

Ma rencontre avec son éditrice, Amélie Petit, n'aurait jamais eu lieu sans l'amitié et l'intuition de Joëlle Zask. La confiance d'Amélie, son entrain, sa finesse et sa générosité ont accompagné de bout en bout l'écriture de ce livre. Mes passionnantes discussions avec Christophe Hanna en ont nourri la conception. À la genèse de ce projet, il y a l'aventure d'Évaluation générale, où se sont impliqués collègues et amis chercheurs et artistes, les équipes d'ArTeC, de Fablitt, du CRESPPA, de Scènes du monde, de l'ARGEC, des éditions Questions théoriques et du service de la Parole au Centre Pompidou. Il n'aurait pu prendre sa forme presque finale durant l'été 2022 sans l'indéfectible soutien et la joyeuse énergie d'Elsa Kammerer, ma coéquipière à la barre de Fablitt. Il puise son inspiration dans la créativité et le dynamisme de cette fabuleuse équipe d'enseignants-chercheurs et de doctorants, et une part de son souffle dans l'inventivité et l'éthos de mes étudiants. Je dois à la conviction et à la bienveillante caution de Marielle Macé le soutien de cet essai devant un jury académique. Ces pages doivent par ailleurs beaucoup, en bien des points, à notre longue amitié.

Merci à Maya Palma pour l'originalité détonnante de son image de couverture, à David Enon pour ses illustrations légères et limpides, à Céline Jézéquel et à Marie-Édith Chauveau pour le soin et la pertinence de leurs corrections.

Pour leur contribution à certaines parties de ce livre, le partage de lectures providentielles, leurs précieuses relectures, leurs encouragements, je remercie chaleureusement Amélie Ferrand, Anne-Laure Blusseau, Anne-Laure Sanchez, Antonella Caria, Chiara Rolla, Benoît Tadié, Benoît Vincent, Bérengère Voisin, Damien de Blic, Daniela Ramalho, Dominiq Jenvrey, Elisa Bricco, Emanuela Schiano di Pepe, Emmanuelle Pireyre, Fabio Caffarena, Federica di Luca, franck leibovici, Galia Paul, Jean Gilbert, Jean-Louis Jeannelle, Jérôme Dokic, Lionel Ruffel, Martine Créac'h, Mélanie Martinet, Olivia Rosenthal, Olivier Quintyn, Pierre Bayard, Sylvain Piron, Violaine Houdart-Merot et Yves Citton.

Une part spéciale de ma reconnaissance va aux expérimentateurs et relecteurs de la première et dernière heure, ma mère, Francine, ma sœur Lorène, et mon frère Lionel, à mon compagnon, Roberto, et mon fils, Valerio, dont la tendre attention et l'inestimable soutien pratique ont permis à ce livre de voir le jour.

Merci, enfin, à ceux qui de près ou de loin, morts ou vivants, personnes ou personnages, ont peuplé cet essai.

Table

Un peuple de fictions	9
Comment rencontrer le grand amour	19
Comment se faire des amis	51
Comment se défendre contre ses ennemis	71
Comment vivre avec les défunts	87
Comment faire communauté	105
Comment réussir sa vie professionnelle et sa vie privée	129
Comment lutter contre l'aliénation sociale	155
Bibliographie	169
Remerciements	177

Premier Parallèle

Faïza Zerouala,
Des voix derrière le voile.

Götz Hamann, Khuê Pham, Heinrich Wefing,
The United States of Google.

Camille Polloni,
La Lente Évasion.
Alain, de la prison à la liberté
(en coédition avec Rue89).

Sophie Bouillon,
Elles. Les prostituées et nous.

Troels Donnerborg et Jesper Gaarskjær,
L'homme qui se souvient de tout.
Un voyage dans les coulisses de la mémoire.

Gérard Haddad,
Dans la main droite de Dieu.
Psychanalyse du fanatisme.

Cristina Nehring,
L'Amour à l'américaine.
Une nouvelle police des sentiments.

Bénédicte Manier,
Made in India.
Le laboratoire écologique de la planète.

Galia Ackerman,
Traverser Tchernobyl.

Collectif,
En compagnie des robots.

Jérôme Blanchart,
Crimes du futur.

Sébastien Martinez,
Une mémoire infaillible.
Briller en société sans sortir son smartphone.

Jan-Werner Müller,
Qu'est-ce que le populisme ?
Définir enfin la menace.

Gérard Haddad,
Le complexe de Caïn.
Terrorisme, haine de l'autre et rivalité fraternelle.

Mathilde Ramadier,
Bienvenue dans le nouveau monde.
Comment j'ai survécu à la coolitude des startups.

Collectif,
L'Âge de la régression.
Pourquoi nous vivons un moment historique.

Olivier Haralambon,
Le Coureur et son ombre.

Lise Barnéoud,
Immunisés ? Un nouveau regard sur les vaccins.

Ivan Krastev,
Le Destin de l'Europe.
Une sensation de déjà vu.

Cristina Nehring,
23 et demi. Les aventures d'une mère,
de sa fille et d'un chromosome surnuméraire.

David Wahl,
Le Sale Discours.
Ou géographie des déchets pour distinguer au mieux
ce qui est sale de ce qui ne l'est pas.

David Rieff,
Éloge de l'oubli.
La mémoire collective et ses pièges.

Laureen Ortiz,
Porn Valley.
Une saison dans l'industrie la plus décriée de Californie.

Sébastien Martinez,
La mémoire est un jeu.

Eva Illouz et Edgar Cabanas,
Happycratie.
Comment l'industrie du bonheur a pris le contrôle de nos vies.

Mathieu Burniat et Sébastien Martinez,
Une mémoire de roi.

Gérard Haddad,
Ismaël et Isaac.

Eva Illouz (sous la direction),
Les Marchandises émotionnelles.
L'authenticité au temps du capitalisme.

Perrine Hanrot,
Crier, parler, chanter.
Mystères et pouvoirs de la voix.

Zygmunt Bauman,
Retrotopia.

Olivier Haralambon,
Mes coureurs imaginaires.

Galia Ackerman,
Le Régiment Immortel.
La guerre sacrée de Poutine.

Joëlle Zask,
Quand la forêt brûle.
Penser la nouvelle catastrophe écologique.

Frédéric Joly,
La Langue confisquée.
Lire Victor Klemperer aujourd'hui.

Michael Walzer,
Manuel d'action politique.

Samuel Challéat,
Sauver la nuit.
Comment l'obscurité disparaît,
ce que sa disparition fait au vivant,
et comment la reconquérir.

Olivier Tesquet,
À la trace.
Enquête sur les nouveaux territoires de la surveillance.

Philippe Garnier,
Mélancolie du pot de yaourt.
Méditation sur les emballages.

Ivan Krastev,
Est-ce déjà demain.
Le monde paradoxal de l'après-Covid-19.

Jan-Werner Müller,
La Peur ou la Liberté.
Quelle politique face au populisme ?

Joëlle Zask,
Zoocities.
Des animaux sauvages dans la ville.

Catherine Larrère et Raphaël Larrère,
Le pire n'est pas certain.
Essai sur l'aveuglement catastrophiste.

Zygmunt Bauman,
Étrangers à nos portes.
Pouvoir et exploitation de la panique morale.

Michel Agier,
Vivre avec des épouvantails.
Le monde, les corps, la peur.

Collectif,
Pourquoi lire.
13 bonnes raisons (au moins).

Olivier Tesquet,
État d'urgence technologique.
Comment l'économie de la surveillance tire parti de la pandémie.

Sophie Bouillon,
Manuwa Street.

Joëlle Zask,
Face à une bête sauvage.

Lise Barnéoud,
Vaccins. Petit guide par temps de covid.

Olivier Haralambon,
Comment lire des livres qu'on ne comprend pas.

Susan Neiman,
Grandir.
Éloge de l'âge adulte à une époque qui nous infantilise.

Coralie Lemke,
Ma santé, mes données.
Comment nous semons nos informations les plus précieuses
et pourquoi elles sont si convoitées.

Gil Bartholeyns et Manuel Charpy,
L'Étrange et folle aventure du grille-pain,
de la machine à coudre et des gens qui s'en servent.

Mikaëla Le Meur,
Le Mythe du recyclage.

Rebecca Benhamou,
Sur la bouche.
Une histoire insolente du rouge à lèvres.

David Enon,
La Vie matérielle mode d'emploi.

Jan-Werner Müller,
Liberté, égalité, incertitude.

Joëlle Zask,
Écologie et démocratie.

Joëlle Zask,
Se réunir.
Du rôle des places dans la cité.

Christophe Schaeffer et Jos Houben,
Le Chien de Bergson.
Dialogue autour de l'art du rire.

Olivier Haralambon,
Le Versant féroce de la joie.

Matthieu Duperrex,
La Rivière et le bulldozer.

Murielle Joudet,
La Seconde Femme.

Susan Neiman,
Penser le mal.
Une autre histoire de la philosophie.

Nicolas Nova,
Exercices d'observation.

Eva Illouz,
Les Émotions contre la démocratie.

David Wahl,
Le Sexe des pierres.

Philippe Garnier,
La Démence du percolateur.

Correction : Marie-Édith Chauveau
Composition : Céline Jézéquel

Cet ouvrage a été achevé d'imprimer en janvier 2023
dans les ateliers de Normandie Roto Impression s.a.s.
61250 Lonrai (Orne)
N° d'imprimeur : 2300072

Imprimé en France